서정성과 정치적 상상력

울력 비평선 1

박현수 시론집

서정성과 정치적 상상력

박현수 지음

울력

ⓒ 박현수, 2014

서정성과 정치적 상상력 (울력 비평선 1)

지은이 | 박현수
펴낸이 | 강동호
펴낸곳 | 도서출판 울력
1판 1쇄 | 2014년 8월 20일
등록번호 | 제10-1949호(2000. 4. 10)
주소 | 서울시 구로구 고척로4길 15-67 (오류동)
전화 | 02-2614-4054
팩스 | 02-2614-4055
E-mail | ulyuck@hanmail.net
가격 | 12,000원

ISBN | 979-11-85136-10-3 03810

이 도서의 국립중앙도서관 출판예정도서목록(CIP)은
서지정보유통지원시스템 홈페이지(http://seoji.nl.go.kr)와
국가자료공동목록시스템(http://www.nl.go.kr/kolisnet)에서
이용하실 수 있습니다.(CIP제어번호: CIP2014022012)

· 지은이와 협의하여 인지는 생략합니다.
· 저작권법에 의해 보호를 받는 저작물이므로 무단 전재나 복제를 금합니다.

여는 글
서정성의 타자로서의 정치성의 가치

  시에서 정치성의 문제가 왜 중요한가. 다시 말하면 이 물음은 시론에서 정치성이 본질적인가를 묻는 것이다. 나는 애초에 이 정치성의 문제를 시의 본질적인 영역 밖에 존재하는 타자로 생각한 적이 있었다. 그러나 시론에 대한 사색이 반복될수록 시에서 정치성의 문제를 정면으로 다루지 않고는 시를 이야기할 수 없다는 결론에 도달하였다.
  정치성(혹은 사회성)이 시의 본질과 맞닿아 있다는 사실은 정치성을 서정성과 맞세워 놓을 때 드러난다. 서정성은 자기동일성에 바탕을 두고 있다. 이를 '세계와 자아의 동일성' 혹은 '주관성'이라 부르기도 한다. 이를 본질로 삼는 서정성은 서정시만의 특질이 아니라 모든 시의 기본적인 특질이라 할 수 있다.
  이때 서정성의 무한 포용, 혹은 엄청난 오지랖이 문제로 등장한다. 세계의 모든 타자를 자아화해 버리는 시의 이런 제국주의적 속성이 비판이 되지 않을 수 없는 것이다. 바흐친이 서정적 주관성의 성격을 문제 삼아 시를 독백주의의 대표적인 장르로 든 것도 이 때문이다.

　다른 글에서도 말한 바 있지만, 시에 있어서 주체는 타자의 존재 상황과 무관하게 자신의 입장에서 타자를 탈영토화하고 재영토화해 버린다. 이때 타자는 주체의 연장(延長)에 불과하다. 그래서 시는 "그 외부에서는 다른 아무것도 존재하지 않고 필요하지도 않은 프톨레마이오스적 일원론의 세계"(M. 바흐친, 『장편소설과 민중언어』)에 불과하다. 시는 결국 자신이 자신에게 던지는 폐쇄적인 독백에 자족하는 장르라는 것이다.

　정치성은 이 독백적 세계의 안정성을 위협하는 타자로 존재한다. 근대에 들어 미적 자율성의 체계에서 최고의 타자는 종교가 아니라 정치다. 우리 시문학사에서 '순수'라는 이름으로 정치성을 극도로 경계한 것도 서정성과 정치성의 양립 불가능성 때문이다. 역사적으로 볼 때 이 양립 불가능성은 시가 하나의 자율적 체계로 독립해 가면서 그 대가로 정치성을 내놓아야만 했던 사정에 기인한 것이다. '순수'가 서정성의 다른 이름이 된 것도 이런 까닭이다.

　그래서 정치성을 서정성과 맞세우는 것은 시의 문제에 대한 근원적인 재조정을 의미한다. 이 문제는 미적 자율성 패러다임의 바깥을 생각하지 않으면 제대로 다룰 수 없다. 즉, 서정성을 제대로 이야기하기 위해서 그것의 타자로 존재하는 정치성을 불러들이지 않을 수 없다는 것이다. 이때 이 정치성을 어떻게 접근하느냐가 문제다. 랑시에르는 이것을 미학적 권역 내에서 해결하고자 한다. 그러나 이런 방식은 (이 책의 어느 평문에서 다룬 바처럼) 정치성이 지닌 날것 그대로의 타자성을 무화시키는, 또 다른 자아화의 방식일 뿐이다.

  이 책은 이런 문제의식에 입각하여 '시와 정치'의 문제를 여러 관점에서 다룬 글을 모은 것이다. 일부러 최소한의 글들만을 모아 시론집을 꾸몄다. 최근 잡지가 늘어나면서 생긴 평문들의 범람을 보고 느낀 바가 많았기 때문이다. 발표 연도를 보면 김광규론이 발표된 2001년도부터 이념과 문체의 문제를 다룬 작년까지, 최근 10년 동안의 생각이 여기에 모인 셈이다. 1부는 잡지의 특집 기획으로 쓰인 글들 중심이며, 2부는 시인론, 3부는 정치와 관련한 희문들이다.

  하나의 주제에 맞추어 선별한 글들을 시간 순서대로 실었으며, 반드시 고쳐야 할 오자나 일부 반복적인 구절 같은 표현상의 문제 이외에는 될 수 있는 한 발표 그대로 두었다. 자신의 생각을 소급적으로 수정하는 오류를 범하기 싫었고, 또한 발표 당시의 미숙함 그 자체도 가치를 지닐 수 있다고 믿기 때문이다.

벽오동의 옥빛 봄기운을 느끼며
2014. 4.

박현수

차례

여는 글: 서정성의 타자로서의 정치성의 가치 _ 5

1부 쟁점들, 정치성의 존재방식
    거대 담론이 사라진 시대의 시, 미시파의 네오이미지즘 _ 13
    전형기의 피로, 수사학의 탕진 _ 34
    문학-정치 담론의 지형도, 그리고 시의 문제 _ 49
    시적 정치성의 세 가지 조건 _ 66
    미적 자율성의 곤경 _ 83
    시적 논리와 파시즘의 논리 _ 97
    이념과 문체 사이의 몇 가지 빛깔 _ 111

2부 시인들, 정치성의 스펙트럼

    미네르바의 시학 — 김광규론 _ 127

    근대시의 세계에서 미학성과 정치성의 관계 — 김진경론 _ 148

    방법적 드러냄의 정치성과 그 한계 — 김혜순 시의 본질 _ 166

    환상이 세계에 이르는 아늑한 길 — 서안나 시의 시적 진화 _ 183

3부 희작, 정치와 놀기

    풍자경(諷刺經) — 풍자의 본질에 대한 경전 _ 201

    청와대 납품용 봉황의자 사용설명서 _ 212

1부
쟁점들, 정치성의 존재방식

거대 담론이 사라진 시대의 시, 미시파의 네오이미지즘

1. 거대 담론의 소멸과 파편들의 담론

이데올로기를 내핵으로 하는 거대 담론은 소멸하였다. 그 자리에 남은 것은 배후에 이데올로기가 제거된 사실들의 파편이다. 그동안 이 파편은 중세적 질서를 닮은 거대 담론 안에서 자신의 위치를 분양 받아 안정된 신분을 유지하고 있었다. 그러나 거대 담론이 불신과 회의의 대상이 되면서 중세적 질서는 허구로 인식되었다. 이제 파편은 자족적인 존재로 고독하게 남게 되었다. 파편은 뇌관이 제거된 지뢰처럼 폭발력을 상실해 버린 대신에 어떤 위험한 상황도 가져오지 않는 안전한 존재가 되었다.

거대 담론의 시대는 사유 자체의 폭이 넓고 판이 컸다. 담론의 전파자는 세계사 전체를 상대로 도박을 두는 도박사의 강단이 있었다. 어떤 문제를 다루더라도 총체적인 질서가 전제되어 있었기에 모든 사유는 고립되어 있지 않았다. 부분은 전체와 유기적인 관계를 맺고 있었기에 그 그물의 그물코가 번다하게 보여도 어딘가에는 전체를 장악하고 있는 하나의 벼리가 빛나고 있었다. 담론의 판이 크기에 내기의 주체들도 그 정도의 덩치를 지녀야 했다. 그래서 거대 담론이 거대 담론을 낳는 것이다. 마치 해방 공간에서 좌파의 민족 문학이 생의 구경적 형식으로 요약되는 우파의 장엄한 민족 문학을 낳았듯이.

거대 담론의 또 다른 매력은 그것이 현상의 분석과 비전의 제시 모두를 제공한다는 데 있었다. 분석자는 복잡한 현상들 때문에 길을 잃을 일이 없었다. 또한 현상에 대한 분석이 끝난 뒤에 남을 공허 같은 것도 존재하지 않았다. 그 분석을 바탕으로 나아가야 할 비전이 있기 때문이다. 비전은 현상의 분석에 앞길을 제시하는 이정표 역할을 했다.

이제 거시적 담론은 허황된 것으로 인식되었다. 마치 바람이 빠지자 주르륵 흘러내리는 광고용 풍선 인간처럼 몰락해 버렸다. 모든 담론은 단호하고도 명쾌하기에 멋있어 보였던 대가다운, 선 굵은 목소리로부터 멀어졌다. 거대 담론의 묘미는 쾌도난마(快刀亂麻)! 이 한 마디로 요약될 것이다. 소란스럽고 너저분한 현상은 거대 담론 안에서 단 한칼에 명쾌하게 정리된다. 거대 담론의 전형적인 예가 마르크시즘이 될 것이다. 마르크시즘의 쾌도난마는 수많은 지식인을 매료시켰다.

이제 남은 것은 파편들에 대한 이야기다. 미시 담론은 파편을 현미경으로 꼼꼼하게 살피며 거대 담론 때문에 하찮고 부차적인 것으로 평가되었던 미세한 부분을 발견하는 기쁨을 즐긴다. 파편의 시대가 온 것이다. 미시 담론은 그래서 파편들의 담론이다. 파편에는 이념이 제거되어 있다. 파편을 자세히 보기는 패러다임

론에서 말하는 퍼즐 풀이 작업이 아니다. 퍼즐 풀이는 패러다임의 정당성을 입증하기 위한 절차이지만, 미시 담론에서 자세히 보기는 그 자체가 목적이 된다. 무목적의 목적이 미시 담론의 목적이다. 이곳이 미학주의가 탄생하는 지점이다.

거대 담론이 떠난 자리에 남은 것은 미학주의이다. 우리 시대에 그것은 이미지즘이다. 이미지즘은 이념의 퇴조에 늘상 따라다니던 문학사조이다. 30년대의 이미지즘이 그런 경우다. 정지용, 김광균, 장만영, 박남수로 대표되는 해방 전 이미지즘은 파편의 표면에 시선을 고착시켰다. 파편들은 시각적인 양상으로 나타나, 길은 "풀어진 넥타이"가 되고 구름은 "셀로판지로 만든 구름," 달은 "양철로 만든 달"이 된다. 사물의 표면적 생동성과 즉물성을 드러내는 데 모든 문학 기법이 바쳐진다. 이제 표면의 사상이 하나의 사상, 사상 없는 사상으로 등장하였다. 김광균은 이를 "형태의 사상성"이라 불렀다. 이것은 현실에 대한 반성적 시선을 괄호로 묶고 물질의 표면 위에 놓인 시선에 가치를 부여하려는 가치관을 반영하는 개념이다. 현실에 대한 반성적 시선이 거두어질 때 남는 것은 반성이 제거된 묘사일 수밖에 없다. 김광균의 시가 천편일률적으로 묘사의 방식을 고집하는 것은 바로 여기에서 기인한다. 이미지의 표면성 혹은 평면성을 극복하는 방법으로 그가 사용하는 것이 이미지의 공감각적 사용("분수처럼 흩어지는 푸른 종소리")이지만 이 역시 청각의 시각화라는 천편일률적인 방법론으로 금방 식상해졌다.

김광균이 보여 주는 이미지즘의 묘사성은 거대 담론의 선험적인 사유가 전제되어 있는 의미나 가치를 물질적 효과로 환원시키려는 미시 담론적 태도로부터 비롯된 것이다. 김기림이 김광균과 관련하여 근대 문명의 본질을 조소(彫塑)의 정신으로 보고, 이미지즘을 포함한 근대 문학 운동을 "미시적 사실주의"로 파악한 것도 같은 맥락이다. 이런 태도는 슐라이퍼가 말한 바 "깊이 없음의 수사학(the rhetoric of depthlessness)"을 파생시킨다. 미시 담론적 태도의 목적은 "대상에 대한 지각과 연결된 환영, 즉 구원과 통찰, 그리고 공간적이고 심리적인 깊이의 고전적 환영을, 사물의 표면에 작용하는 시선으로 대체하는 것"이라 할 수 있다.

해방 전의 이미지즘은 마르크시즘이라는 거대 담론이 제대로 기능할 수 없던 일제 식민지 상황이 낳은 왜곡된 문학사조라 할 수 있다. 김광균은 애초에 마르크시즘의 영향권 내에서 문학적 이력을 시작하였으며, 이미지즘 시기가 지난 이후 해방 공간에서는 미학주의적 좌파 역할도 한 사람이다. 그러나 그는 1930년대에 들어 거시적 시선을 거두어 파편의 표면에다 가두었다. 이는 마르크시즘이라는 거대 담론이 억압된 상황으로 설명할 수밖에 없다. 그의 이미지즘이 도피적 성격을 지니고 애상적인 분위기를 띠는 것은 이에 기인한다. 그래서 그가 신호등을 보고 "차단-헌 등불이 하나 비인 하늘에 걸려있다/내 호올로 어델 가라는 슬픈 신호냐"라고 한 것은 거시적 시선의 상실에 따른 탄식으로 보아도 과장이라 할 수 없을 것이다.

2. 미시파(微示派) 혹은 네오이미지즘

1930년대 이후 이미지즘은 사라진 것일까. 해방 공간을 거쳐 1990년에 이르기까지 집합적 경향으로서의 이미지즘은 없었다. 이 기간은 거대 담론이 필요한 시대였기 때문에 미시 담론이 제 목소리를 낼 수 없었다. 그러나 1980년대 말 들어 동유럽의 사회주의국가와 소련의 연속적인 붕괴로 말미암아 거대 담론의 퇴조가 역력해지자 문학에서도 미시 담론이 서서히 부상하기 시작하였다. 1990년 들어 시에서 그 특성은 이미지즘으로 나타났는바, 이를 해방 전의 이미지즘과 구별하기 위해 '네오이미지즘(neo-imagism)'이라 부를 수 있을 것이다.

네오이미지즘은 하나의 유파를 이루고 있으므로 그 유파는 네오이미지즘파 혹은 근래 유행한 명명을 모방하자면 미시파(微示派)가 될 것이다. 미시파란 미시적 시선으로 구체적 대상의 내밀한 묘사에 치중하는 시적 경향을 지닌 시인들의 그룹을 의미한다. 여기에는 김기택을 위시하여 이윤학, 이선영 등과 2000년대의 길상호 등이 포함될 것이다. 이들은 시집 목차에서 확인할 수 있듯이 주로 고정된 대상을 다룬다. 1990년에 나온 김기택과 이윤학의 첫 시집 목차만 살펴보더라도 "쥐, 호랑이, 개, 닭, 소, 가죽, 모기, 송충이, 거북이, 겨울새, 종유석, 먼지에 대하여, 바람에 대하여"(김기택), "오동나무, 제비집, 그 노인, 개구리, 달팽이의 꿈, 구더기의 꿈, 눈을 뜨고 죽은 파리, 좀 약, 구더기, 염소를 위하여, 망둥어, 옻나무"(이윤학) 등등 고정된 대상 일색이다. 제목이 그렇지 않더라도 내용상 묘사에 치중하는 시들이 대부분이다.

미시파는 네오이미지스트로서 김광균 식의 미시적 사실주의의 한계를 반복하지 않는다. 파편화된 대상에 주목한다는 점에서는 유사하지만 표면을 뚫고 심연으로 나아가려는 노력도 함께 보여 준다는 점에서 전대 이미지즘의 극복이라 할 만하다. 후술하겠지만 이를 가능하게 하는 것은 이들의 시가 성취한 '해설적 묘사'이다. 이것은 이들 대부분이 모더니즘이 아니라 서정시의 연장선상에 있다는 사실에서 기인하기도 할 것이다. 서정성은 사물의 표면이 아니라 내면과 교감하는 데 핵심이 있기 때문이다. 이제 이런 특성을 구체적인 작품을 통하여 살펴보겠다(여기서는 주로 첫시집을 대상으로 한다).

미시파, 즉 네오이미지즘의 대표 시인은 김기택이다. 그는 동유럽 사회주의국가와 소련의 붕괴를 예비한 고르바초프의 페레스트로이카가 절정에 달했던 1989년에 등단하였다. 고르바초프는 1987년 12월에 레이건 대통령과 회동하여 '중거리핵전력조약(INF Treaty)'에 서명했으며, 이듬해에 아프가니스탄에서 소련군을 철수시켰다. 그리고 1988년 최고 소비에트 간부회의 의장에 선출되어 12월에 페레스트로이카를 구체적으로 실현시키기 위한 헌법 개정에 성공한다. 한국에서는 1987년 6월 항쟁으로 민주화가 진전되고 전두환 정권에 대한 비판적 평가가 이루어지고 있었다. 물론 노태우 정권(1988. 2)이 들어서면서 동시에 허탈감이 만연하던 시기이기도 했다. 전반적으로 대의민주주의의 길이 열리고 사회에 만연하던 권위주의도 흔들리는 시대적 변화를 겪으며 1990년대로 나아갈 준비를 하고 있던 때였다. 한국 문단에서는 1970년 이후 20년 정도 강력한 영향력을 미쳤던 민중문학이 퇴조해 가고 있었다.

김기택은 1989년 한국일보 신춘문예 당선 후에 가진 인터뷰에서 민중문학에 대한 반감을 표시하여 많은 사람들을 놀라게 하였다. 그는 "가난한 자들의 내면을 사랑하거나 소중히 여기기보다는 그것을 이용해서 남을 변화시키려는 민중주의 예술의 작위성을 증오한다"라고 말을 했다. 이에 대한 반응은 "89년이면, 민중문학의 거센 파도가 한풀 꺾였다고는 해도 아직도 그 도덕적 정당성은 누구하나 의심하지 않고 있던 때였는데, 이제 갓 등단한 신인의 위와 같은 강력한 발언은, 상당히 충격적으로 받아들여졌다"(하재봉, 「내부에 불을 감추고 웅크린 호랑이」, 『문학정신』, 1992. 2)라는 언급에서 확인할 수 있다. 아직도 민중문학이라는 거대 담론이 잔영을 드리우고 있던 시대에 그는 거대 담론과 결별을 선언한 것이다.

김기택의 등단작은 이런 선언과 전혀 무관하다 할 수 없다.

> 하루는 무덥고 시끄러운 정오의 길바닥에서
> 그 노인이 조용히 잠든 것을 보았다
> 등에 커다란 알을 하나 품고 그 알속으로 들어가
> 태아처럼 웅크리고 자고 있었다
> 곧 껍질을 깨고 무엇이 나올 것 같아
> 철근 같은 등뼈가 부서지도록 기지개를 하면서
> 그것이 곧 일어날 것 같아
> 그 알이 유난히 크고 위태로워 보였다
> 거대한 도시의 소음보다 더 우렁찬

숨소리 나직하게 들려오고
웅크려 알을 품고 있는 어둠 위로
종일 빛이 내리고 있었다

다음날부터 노인은 보이지 않았다

— 김기택, 「곱추」 부분

   이 작품은 지하도에서 구걸을 하는 곱추 노인을 묘사한 시이다. 노인의 형상을 집요하게 탐색하여 극사실주의 그림보다 더 리얼하게 묘사해 내고 있다. 곱추를 알로 설정한 후, 묘사는 그 주변을 오래도록 서성이며 떠나지 않는다. 노인을 통하여 사회의 구조적 문제에 대한 비판으로 나갈 의도는 전혀 없는 듯하다. 거대 담론이 지닌 계몽적인 시선이 전혀 발견되지 않는다. 그의 묘사가 극사실주의처럼 정밀하게 느껴지는 것은 그것이 단순 묘사가 아니라 일종의 '해설적 묘사'이기 때문일 것이다. 응축된 표현을 통해 시인의 통찰력이 묘사 속에 스며 있다. 해방 전 이미지즘과 네오이미지즘의 차이는 여기에서 비롯된다고 할 수 있다. 전자는 해설을 배제함으로써 객관성에 도달하려 했지만 사실상 그것 때문에 오히려 사물의 핍진성을 놓치고 말았다. 묘사는 시인의 통찰력이 담긴 비유적 해설을 통해 더욱 묘사다워지는 것임을 그들은 인식하지 못했던 것이다. 이런 해설적 묘사를 가장 잘 보여 주는 작품은 단연 「호랑이」일 것이다.

   길고 느린 하품과 게으른 표정 속에 숨어 있는 눈

풀잎을 스치는 바람과 발자국을 빈틈없이 잡아내는 귀
코앞을 지나가는 먹이를 보고도 호랑이는 움직이지 않는다
위장을 둘러싼 잠은 무거울수록 기분 좋게 출렁거린다
정글은 잠의 수면 아래 굴절되어 푸른 꿈이 되어 있다
근육과 발톱을 부드럽게 덮고 있는 털은
줄무늬 굵은 결을 따라 들판으로 넓게 뻗어 있다
푹신한 털 위에서 뒹굴며 노는 크고 작은 먹이들
넓은 잎사귀를 흔들며 넘실거리는 밀림
그러나 멀지 않아 텅 빈 위장은 졸린 눈에서 광채를 발산시키리라
다리는 무거운 몸을 일으켜 어슬렁어슬렁 걷기 시작하리라
느린 걸음은 잔잔한 털 속에 굵은 뼈의 움직임을 가린 채
한번에 모아야 할 힘의 짧은 위치를 가늠하리라
빠른 다리와 예민한 더듬이를 뻣뻣하고 둔하게 만들
힘은 오로지 한 순간만 필요하다
앙칼진 마지막 안간힘을 순한 먹이로 만드는 일은
무거운 몸을 한 줄 가벼운 곡선으로 만드는 동작으로 족하다
굶주린 눈초리와 발빠른 먹이들의 뾰족한 귀가
바스락거리는 풀잎마다 팽팽하게 맞닿아 있는
무더운 한낮 평화롭고 조용한 정글

— 김기택, 「호랑이」 전문

 김기택의 묘사는 지루할 정도로 정밀하다. 그는 이 느림을 즐긴다. 마치 마지막 페이지에 도달하는 것을 두려워하며 독서를 계속 지연시키는 사람처럼. 그의 묘사는 많은 형용사를 늘어놓

음으로써 대상이 너무 일찍 드러나는 것을 유보한다. "길고 느린 하품과 게으른 표정 속에 숨어 있는 눈," "빠른 다리와 예민한 더듬이를 뻣뻣하고 둔하게 만들/힘," "무거운 몸을 한 줄 가벼운 곡선으로 만드는 동작" 등이 그것이다. 그는 지나치는 풍경처럼 한두 마디로 끝낼 수 있는 대상을 집요하게 잡고 늘어진다. 그리고 그 묘사는 힘이 있다. 가령 먹이를 순식간에 제압하는 호랑이의 힘은 7행에 걸쳐 느리게 묘사되고 있지만 "느린 걸음은 잔잔한 털 속에 굵은 뼈의 움직임을 가린 채/한번에 모아야 할 힘의 짧은 위치를 가늠하리라"와 같은 구절에서 알 수 있듯이, 미세한 동작을 함축적인 언명으로 보여 주는 표현은 마치 먹이를 노리는 호랑이의 근육의 움직임을 클로즈업해서 보여 주는 듯한 착각을 일으킨다. 카메라는 이런 클로즈업을 수행할 수 없다는 점에서 이것은 확실히 묘사의 힘이 아닐 수 없다.

김기택의 묘사는 대상의 규정으로 나아가지 않는다. 이 점에 있어서 그는 지극히 소시민적이다. 그의 시에는 세계에 대한 두려움이라고 해야 할 정도의 조심스러움이 있다. 그의 동물시(쥐, 호랑이, 개, 모기, 송충이 등을 대상으로 한)를 읽으면 시적 대상에 대하여 그의 시선은 언제나 유보의 상태를 유지하려 애쓴다는 것을 알 수 있다. 가령 「쥐」를 예로 들어 보자면, 그는 어디에서도 "쥐는 …이다"라는 명제를 사용하지 않는다. 다만 그는 이쪽저쪽에서 쥐에게 조심스럽게 접근해 가려 한다. 그의 접근이 좁아지기는 하나 체포 직전에 그의 작업은 끝난다. 「호랑이」에 있어서도 그의 묘사는 호랑이를 하나의 명제 속에 가두려는 관념적인 포즈를 취하지 않는다. 가장 조심스러운 필치로 대상의 근처만 조금씩 그려 갈 뿐이다.
 김기택의 유보되는 묘사, 해설적 묘사는 이후에도 여전하다. 근래에 나온 시집 『소』(2005)에서도 변하지 않는다.

> 소의 커다란 눈은 무언가를 말하고 있는 듯한데
> 나에겐 알아들을 수 있는 귀가 없다.
> 소가 가진 말은 다 눈에 들어있는 것 같다.
>
> 말은 눈물처럼 떨어질 듯 그렁그렁 달려 있는데
> 몸 밖으로 나오는 길은 어디에도 없다.
> 마음 한 움큼씩 뽑혀나오도록 울어 보지만
> 말은 눈 속에서 꿈쩍도 하지 않는다.
>
> 수천만 년 말을 가두어두고
> 그저 끔벅거리고만 있는
> 오, 저렇게도 순하고 동그란 감옥이여.
>
> 어찌해볼 도리가 없어서
> 소는 여러 번 씹었던 풀줄기를 배에서 꺼내어
> 다시 짓이기고 삼켰다간 또 꺼내어 짓이긴다.
>
> — 김기택, 「소」 전문

 제목은 「소」이지만 시 전체는 소의 눈을 묘사하고 있다. 이 작품도 소의 눈을 아주 천천히 유보해 가면서 "묘사해 나간다." 네오이미지즘의 특성은 바로 이 "묘사해 나간다"라는 점에 있을 것이다. 묘사는 진행형이다. 그래서 입체적인 느낌을 준다. 이 시에서도 묘사를 빛나게 하는 것은 대상에 대한 통찰력이다. 그 통찰력이 대상의 묘사를 절실하게 만든다. 해설적 묘사는 시인의 해설이 개입하여 어떤 경우에는 묘사로 보이지 않을 수도 있다. 가령 소 눈을 두고 "수천만 년 말을 가두어두고/그저 끔벅거리고만 있는/오, 저렇게도 순하고 동그란 감옥"이라 할 때 이 구절을 묘사로 보아야 할 것인가 아니면 해설(이 담긴 비유)이라 할 것인가. 그러나 시선이 대상에 머물러 있다는 점에서 묘사이다. 기존의 이미지즘과 다른 묘사일 뿐이다.

  이 점은 다른 미시파의 시에서도 동일하다. 가장 유사한 시인으로 이윤학을 들 수 있다. 그의 등단작 「청소부」에서 보도블록을 두고 "누워 있는 것도 벽이었다. 출근길 서둘러 밟고 온/보도블록에도 무늬가 있었다. 단색 세포처럼 또박또박/놓여 있었다. 밟히면 들고 일어나기도 했다 기우뚱/거리며 빗물을 토해내기도 했다."라고 할 때 네오이미지즘의 특성이 유감없이 드러난다. 기우뚱거리며 빗물을 토해 내는 보도블록의 이미지는 "누워 있는 것도 벽"이라는 표현을 통하여 단순 묘사를 넘어선다. 시선은 대상의 표면에 머물러 있는 듯하지만, 사실상 묘사와 해설의 경계를 넘나든다. 그런 점에서 네오이미지즘 시답다. 그의 작품 중 네오이미지즘의 성격을 잘 보여 주는 작품으로 「달팽이의 꿈」을 들 수 있다.

    집이 되지 않았다 도피처가 되지도 않았다

보호색을 띠고 안주해 버림이 무서웠다
힘겨운 짐 하나 꾸리고
기우뚱 기우뚱 어디로 가는지 모르면서
얼굴을 내밀고 살고 싶었다 속살을
물 위에 싣고 춤추고 싶었다
꿈이 소박하면 현실은 속박쯤 되겠지
결국은 힘겨운 짐 하나 벗으러 가는 길
희망은 날개로 흩어진 미세한 먹이에 불과한 것이다
최초의 본능으로 미련을 버리자
또한 운명의 실패를 감아가며
덤프 트럭의 괴력을 흉내라도 내자
아니다 아니다 그렇게 쉬운 것은
물 속에 잠겨 있어도 늘 제자리는 안 될걸
쉽게 살아가는 방법이 있을까?
입으로 깨물면 부서지고 마는
연체의 껍질을 쓰고도
살아갈 수 있다니

— 이윤학, 「달팽이의 꿈」 전문

 이윤학의 시는 하나의 대상을 집요하게 잡고 늘어지는 점, 묘사를 지연시키는 유보적 묘사가 주를 이룬다는 점에서 김기택과 유사하다. 또한 묘사와 해설의 경계를 넘나드는 해설적 묘사를 사용한다는 점에서도 미시파의 시적 특성을 잘 보여 준다. 이 시에서 달팽이의 묘사는 달팽이의 형상을 구체적으로 그리는 것보다는 해설을 통해 보조하는 방식으로 이루어진다. 이 시의 묘사에는 묘사하는 주체와 묘사되는 대상의 시선이 교묘하게 혼합되어 있다. 가령 "힘겨운 짐 하나 꾸리고/기우뚱 기우뚱 어디로 가는지 모르면서/얼굴을 내밀고 살고 싶었다"라고 했을 때, 이 발화의 주체가 시인과 동일시되는 시적 화자인지, 아니면 묘사의 대상인 달팽이인지 쉽게 결정할 수 없다. 아니면 둘 다일 수도 있을 것이다. 이 점은 앞에서 살펴본 김기택의 「호랑이」나 「소」에서도 마찬가지다. 이것은 해설적 묘사이기 때문에 생기는 특성일 것이다.

이선영, 길상호의 시도 묘사를 통하여 대상에 대한 고집스런 집착을 보인다는 점에서 미시파의 일원이 될 만하다.

   비눗갑 속에 담긴 문드러진 비누의 몰골을 볼 때면
   지금 그 비눗갑이 느끼고 있을 슬픔을 알 것 같다
   누구에게나 그렇듯 대부분의 새 비눗갑들에
   처음 얹혀지는 비누는 탄탄한 비누여서
   보기에 따라서는 비누가 비눗갑 안에 담긴 것이 아니라
   비눗갑의 숨통을 누르고 앉은 것처럼 보일 지경이다
   마치 몸에 잘 맞는 아내를 얻은 듯 그때 비눗갑은 얼마나 행복해 보이던가?
   그러나 뭇사람의 손때가 묻고 물만 닿아도 녹아나는
   비눗갑이 일찍이 상상해본 적이 없는 비누의 허약한 체질은
   얼마나 비눗갑을 놀라게 하고 실망에 빠지게 했을 것인가?
   나날이 작아지는 비누들 나날이 풀어지는 관념의 물컹한 살집들

오, 가엾은 비눗갑들이여, 그들은 비누에 대해
얼마나 순진한 기대와 어리석은 집념을 품고 있었던가?
한 개의 비누만을 담았던 비눗갑이란 이 세상에선 거의 찾아볼 수
없다
더러, 젊거나 어린 나이에, 불의의 사고로 망가지는 비눗갑은 유감
스럽지만 흙 속 깊이 버려지곤 한다

경험이 많은 비눗갑들이여, 온갖 비누치레에 닳아빠지고 몸을 더럽
힌
그럼에도 오래 건재하는 비눗갑들이여, 그때쯤이면 평안할 수 있
는 건지

— 이선영, 「가엾은 비눗갑들」 전문

감자를 깎다 보면 칼이 비켜 가는
움푹한 웅덩이와 만난다
그곳이 감자가 세상을 만난 흔적이다
그 홈에 몸 맞췄을 돌멩이의 기억을
감자는 버리지 못하는 것이다
벼랑의 억센 뿌리들처럼 마음 단단히 먹으면
돌 하나 깨부수는 것 어렵지 않았으리라
그러나 뜨거운 하지의 태양에 잎 시들면서도
작은 돌 하나도 생명이라는
뿌리의 그 마음 마르지 않았다
세상 어떤 자리도 빌려서 살아가는 것일 뿐

자신의 소유는 없다는 것을 감자의 몸은
어두운 땅 속에서 깨달은 것이다
그러고 보니 그 웅덩이 속에
씨눈이 하나 옹글게 맺혀 있다
다시 세상에 탯줄 댈 씨눈이
옛 기억을 간직한 배꼽처럼 불거져 있다
모르는 사람들은 독을 가득 품은 것들이라고
시퍼런 칼날을 들이댈 것이다

— 길상호, 「감자의 몸」 전문

  이선영은 비눗갑을, 길상호는 감자를 세밀하게 그리고 있다. 그 시선이 대상에 밀착되어 있어 비누 냄새와 감자 냄새가 풍겨오는 듯하다. 이들 시인은 주로 고정된 대상들을 시적 소재로 선택한다. 그리고 대상 주위를 천천히 맴돌며 묘사를 조금씩 조금씩 풀어내며 발전시켜 간다. 이들의 시는 급할 것이 없다는 듯 묘사를 지연시키면서 느림을 즐긴다. 그러면서 대상의 특성을 깊이 있게 파헤친다. 대상의 외면은 늘 내면과 함께 포착됨으로써 묘사의 피상성을 벗어나고 있다는 점도 미시파의 공통점이다.

3. 네오이미지즘의 가능성 — 다층적 세계의 발견

  네오이미지즘은 해방 이전의 이미지즘과 달리 입체적인 요소를 가지려 부단히 노력한다. 그 입체성 중에 가장 주목해야 할 것이 생명에 대한 시선이다. 네오이미지스트 김기택의 초기 시에 묘사를 뚫고 솟아 나오는 생명에 대한 따뜻한 시선은 그의 시가 평면적인 탐색 이면에 어떤 복합적인 층위를 감추고 있음을 암시하는 증거가 된다. 김기택이 정적인 사물 속에서 움직임을 읽어 내려고 시도하는 것이 그것이다.

> 동굴 따라 꾸불꾸불 길게 누운 어둠 속에서
> 이 딱딱한 바위도 한때는 흘러다녔구나.
> 어둠 구석구석을 꼬리치레도롱뇽처럼 기어다녔구나.
> 얼마나 아름다웠을까, 고드름으로 수세미로 버섯으로
> 꽃으로 아이스크림으로 마음껏 녹았던 움직임들은.
>
> ― 김기택, 「종유석」 부분

시인은 종유석을 보며 "이 딱딱한 바위도 한때는 흘러다녔"다는 사실을 생각하고 경이로움을 금치 못한다. 그리고 이어지는 부분은 살아 움직일 때의 종유석을 생생하게 그려 보여 주는 묘사이다. 종유석과 같은 대상에서 움직임을 읽어 내는 이런 시선은 네오이미지즘의 시들에서 공통적으로 드러나는데, 이때 이 움직임은 생명의 다른 이름이 된다. 김기택이 "지금은 구두가 되고 잠바가 되고 허리띠가 되어" 있는 가공된 피혁으로부터 "나는 알고 있다네 저 가죽 안에 살던/김이 모락모락 나는 빨간 생명들을"(「가죽」) 하고 말할 때 그 움직임은 "빨간 생명"으로 직접 드러난다. 곱추의 등을 보고 "껍질을 깨고 무엇이 나올"(「곱추」) 것 같은 알이라 생각하는 것도 마찬가지 시선이다.

생명은 시간을 기원으로 되돌림으로써, 즉 소급적 독서로 발견된다. 「가죽」, 「종유석」에서 현재의 상태에서 소급하여 대상이 원래 생명과 맞닿아 있던 시간을 기억하는 것이 좋은 예가 된다. 이 소급적 읽기는 그의 시에 반복적으로 나타난다. 그는 「마장동 도축장에서」라는 시에서 쓰레기처럼 쌓여 있는 죽은 동물을 보며 "당당하게 자궁을 열고" 나온 때와 "노른자를 빨아들이며" 커 가던 때를 소급적으로 읽어 간다. 또 「닭」에서는 "아직도 삶을 움켜쥐고 있는 닭발 안에서" 닭집 주인이 "탱탱하고 완강한 목숨"을 누르던 때를 읽어 낸다. 이는 현재의 차원이 그 대상의 최종적인 차원이 아닐 뿐만 아니라 본질적인 상태가 아님을 말하는 것이다.

네오이미지즘의 '미시적 사실주의'는 미시적 세계가 그 자체로 끝나는 것이 아니라 그 속에 무한한 세계를 포함하고 있음을 눈치 채고 있다. 이 점은 초기 이미지즘이 놓친 점이기도 하다. 그래서 "작음의 세계에서 꿈꾸고 생각하려 하자마자, 모든 것은 커진다. 무한소 현상은 우주적 차원으로 전환된다"(바슐라르, 『대지 그리고 휴식의 몽상』, 25쪽)라는 바슐라르의 언급은 네오이미지즘의 시적 특성에 바쳐져도 어색하지 않을 것이다. 바슐라르는 또한 다이아몬드를 연마할 때 느낀 감상을 적은 어느 글에서, "이 빛과 딱딱 부딪는 소리는 어떤 면에서 천둥과 번개를 재현하고 있는 것처럼 보인다"라는 구절을 인용하고 이를 "미시적 기상학"이라 부른 적이 있다. 미시파 역시 그들의 대상이 하나의 파편으로 끝나지 않고 그 속에 우주적 차원까지 담긴 것으로 보는 경향이 있다. 그들이 소재의 표면에 멈추지 않고 다른 차원과 연계되는 해설적 시선을 유지하는 것이 그 증거가 된다.
  사물이 가시적 차원만을 지닌 것이 아니라 육안을 넘어서 있는 비가시적 차원까지 지니고 있다는 인식은 표면을 단순한 겉이 아니라 심연을 그 속에 감추고 있는 겉으로 격상시킨다. 이제 세계는 여러 차원을 동시에 지닌 다층적 시공이 된다.

> 주광성(走光性) 하루살이떼처럼
> 한 줄기 햇빛 속으로 먼지들이 모여든다
> 어지럽게 빛을 뒤틀고 돌리며 날아다닌다
> 손짓 발짓 같은 움직임들이 끈질기게
> 내 주위에서 기웃거린다 미안하지만
> 그대들의 몸짓을 나는 알아들을 수 없다
> 누구의 살에서 떨어져 나온 것인지
> 누구의 슬픈 편견들이 삭아 부서진 것인지
> 난 알지 못한다 눈물에서도 잉크에서도
> 묻어나오고 있지만, 말할 때마다 떨며
> 목소리에 섞여나오고 있지만
> ― 김기택, 「먼지에 대하여」 전문

  '~에 대하여'라는 제목도 시가 하나의 대상을 집요하게 다루고 있음을 나타내는 표지이다. 먼지에 대한 중첩된 묘사에서 먼지는 이 세상이라는 단일한 차원에 기생하는 하나의 하찮은 존재가 아님을 밝힌다. 이 시에 따르면 먼지 같은 존재조차 이 세계에 감춰진 다층적인 세계와 소통하고 있는 대상이다. 바로 이런 인식이 사물을 더욱 깊이 있게 접근하도록 만드는 바탕이 된다. 이 시에 대한 해설은 김기택의 첫 시집 뒤표지의 산문에 잘 정리되어 있다.

한때 땅 위에 살았던, 이젠 더 이상 지상에 존재하지 않는 무수한 생명체들은 어디로 갔을까? 정말 없어져 버린 것일까? 숨을 쉬어 보면 그들이 어디로 갔는지 알 수 있을 것도 같다. 내 몸 속의 공기들을 내보내고, 이미 누군가의 허파를 지나왔던 공기를, 변소와 하수구와 자동차 배기통에 있던 공기를 들이마시면 없어졌던 모든 것이 느껴진다.
공기 속에 가득한 이 먼지들은 무엇인가? 한때 땅 위에 살았던 사람들과 동식물들의 풍화된 모습이 아닌가? 같은 시대에 살았다면 사랑했을지도 모를, 얘기하고 만지고, 그 눈동자만 생각해도 온몸에 열이 나고 떨렸을 어떤 아름다운 몸을 내가 지금 마시고 있지 않은가?

공기나 먼지는 한때 땅 위에 살았던 무수한 생명체들의 변형이다. 그리고 "같은 시대에 살았다면 사랑했을지도 모를, 얘기하고 만지고, 그 눈동자만 생각해도 온몸에 열이 나고 떨렸을 어떤 아름다운 몸"일 수 있다. 이것은 마법적 세계로서의 서정성의 세계에서만 가능한 사유다. 이 세계가 일차원의 갇힌 공간이 아니라 무한한 차원으로 연계되어 있는 다층적인 세계임을 믿는 것, 아니 그런 세계를 상상한다는 것 자체가 그가 서정 세계의 신민임을 알게 해 준다. 네오이미지즘이 서정시의 범주 내에 있다는 점을 고려할 때 이것은 김기택뿐만 아니라 미시파 전체의 성격으로 보아도 좋을 것이다.

　미시파의 네오이미지즘은 이런 다층적 세계 인식을 바탕으로 하고 있기에 초기 이미지즘의 표면성, 피상성을 극복할 수 있었으며, 또한 거대 담론이 떠난 자리에 남은 피상적 표면에 집착하는 이미지즘의 위험으로부터 벗어나 내면의 깊이를 획득할 수 있었다. 한마디로 정리하자면, 네오이미지즘은 미시 담론이면서 동시에 파편들 속에서 다층적 세계를 읽어냄으로써 새로운 차원으로 나아갈 수 있었다. 앞으로도 이 계열의 시는 새로운 가능성을 향해 더 진전해 갈 것으로 믿는다. 결국은 해설적 묘사가 어떤 차원으로 새로워지느냐의 문제인데, 이는 세상에 대한 통찰력이 식욕 왕성한 상투성으로부터 어떻게 거리를 유지하느냐와 관련이 있을 것이다. 또한 대상으로부터 천편일률적인 인식을 끄집어낼 위험이 많다는 점도 경계의 대상이 된다. 이는 서정시의 한계이기도 하다.

(『시와 반시』, 2007, 봄)

전형기의 피로, 수사학의 탕진

1. 문학과 정치에 대한 지루한 담론

계간평을 쓰기 위해 지난 해 겨울과 올해 초에 나온 30여 종의 잡지를 꽤나 흥미롭게 읽었다. 시뿐 아니라 평론, 대담 등도 눈여겨보았다. 거의 동인지 수준을 유지하고 있는 『창작과 비평』, 『문학과 사회』, 『문학동네』 등의 계간지는 작품보다는 기획 평론이 인상적이긴 하나, 혼란스러운 전형기의 평론들처럼 방향이 잡히지 않는 이야기들로 지면을 낭비하고 있다는 느낌을 받았다. 난무하는 수사학에 비하여 논의는 진전이 없었다.

문학과 정치의 문제는 근래의 이슈다. 이 논쟁을 위해 발굴한 사상가가 랑시에르인 모양이나 우리에게 그다지 도움이 되지 않는, 공론을 위해 끌어들인 공론가 냄새가 짙다. 그는 미적 자율성의 담론 안에 갇힌 이론가로서 정치적 층위는 그의 논의에서 사실상 배제된 것이라는 점을 이해하여야 한다. 한 낡은 평론가가 랑시에르의 이론을 요약한 것에 불과한 어설픈 평론을 감싸기에 급급한 걸 보니 이 문제가 뭔가 장사가 될 만한 것으로 보이긴 한다. 문학과 정치의 문제가 오래된 것임에도 불구하고 지금 이 문제가 다시 유행하는 것은 우리 시대가 확고한 지향점을 찾지 못한 전형기이기 때문이다. 그러나 정치는 이런 방식으로 문학으로 돌아와서는 안 된다.

 문학과 정치의 문제는 우리가 미적 자율성이라는 패러다임에 갇혀 있는 한 정해진 결론에 도달할 수밖에 없다. 문학이라는 자율적 공간을 잘 유지하는 선에서 정치에 기여하는 방식을 고민해야 한다는, 말이 될 듯 말 듯한 결론 말이다. 미적 자율성의 공간에 갇혀 있으면서 저 바깥의 정치적 공간에 의도하지 않은 불똥을 튀겨 예상하지 못한 반향을 불러일으켜 주는 초과학적인 방식, 혹은 이심전심의 선적 방식. 언어를 잘 다듬어서 문학성을 획득하면 결과적으로 정치적 층위에도 파동이 전해질 것이라는 돈오적 방식. 창비시선 1번의 시인, 신경림의 시가 그런 경향의 전범이 아닌가(자세한 내용은 나의 비평집 『황금책갈피』 1부 참조). 서정성에 현실을 외접하는 방식, 사실상 현실은 실루엣으로 사라지고 서정성이 문학의 영역에서 높은 점수를 받는 방식. 그런 문학의 탈정치적 정치성을 화두로 던져 한 시대의 헤게모니를 장악해 온 창비가 박노해, 김남주의 시집을 출간할 수 없었던 것은 당연하다(박선욱의 「그리운 사람 채광석」, 『리토피아』, 2009, 겨울호 참조). 이런 관점에서 볼 때, 근래 『애지』에 연재되고 있는 송수권 시인의 「달궁 아리랑」을 주목할 만하다. 오히려 화끈하지 않은가.

 그럼 미적 자율성의 패러다임을 벗어나는 방도는 무엇일까

(지금 시점에서 그게 가능할지 모르겠지만). 그것은 통합된 인간형으로 돌아가는 방식일 것이다. 자율성 담론은 일종의 정신분열증적 인간을 기본형으로 제시한다. 정치의 영역과 미학의 영역, 생활의 영역은 서로 섞일 수 없는 차원의 것으로 존재한다고 믿기 때문에, 자율성 담론에 갇힌 인간은 여러 영역이 사실상 중층적으로 작용하는 일상의 영역에서 각각의 영역에 자신의 가능성을 순간적으로 적응시키는 민첩한 적응력을 지닌 기능적 인간이 되어야 한다. 자본주의가 필요로 하는 분업적 인간이다. 거기에서는 책을 덮으면 공허가 닥친다.

> 울산에서 환경미화원으로 일하는 당숙이
> 작업반장 좀 혼내 달라신다
> 폭행으로 목을 다쳐 6주 진단이 나왔지만
> 본 사람이 없다고 오리발을 내밀고
> 근무하기 힘든 곳만 보낸단다
> (…)
> 나는 작업반장과 노조위원장의 이름이며 전화번호를
> 위안이라도 드리려고 일단 적었지만
> 어떻게 혼낼 수 있단 말인가
> 상황 파악에 필요한 시간보다도
> 배고픔 같은 억울함이 없지 않은가
> 그렇지만 한 노동자가 두들겨 맞아 몸을 다쳤다는데
> 가만히 있을 수는 없지 않은가
>
> ― 맹문재, 「어떻게 혼낼 수 있을까」 부분(『문학·선』, 2009, 겨울)

나는 이 작품을 미적 자율성에 대한 딜레마를 다룬 시로 읽는다. 정치적 상황이 계속 호명함에도 불구하고 시적 화자가 난감해 하는 것은 그가 미적 자율성의 담론 속에 갇힌 자본주의 사회의 분업적 인간이기 때문이다. 미적 자율성 속에는 "배고픔 같은 억울함"이 존재할 공간이 없다. 그것은 비유의 차원에서 미학적으로 존재할 뿐이다. 정치가라면 여러 수단을 동원하여 이런 문제를 효과적으로 처리할 수 있을 것이다. 그들이 문학가를 자기들 입맛대로 처리할 수 있듯이. 그럼에도 시인은 그 문제를 처리할 능력이 없다. 정치가 미학에 간섭할 수는 있어도 그 반대는 불가능하다. 일방통행만이 가능한 것이다. 여기에 미적 자율성의 허구가 힐끗 보이지 않는가. 우리들만의 무력한 자율성을 우리는 미적 자율성이라는 멋있는 이름으로 부르고 있는 것이다. 시적 화자는 그러나 예의를 지켜 다음과 같이 덧붙인다. "그렇지만 한 노동자가 두들겨 맞아 몸을 다쳤다는데/가만히 있을 수는 없지 않은가." 나는 이런 예의를 정치적 차원에 대한 미적 자율성의 변명이라 부른다.

그러나 자율성의 패러다임을 벗어나게 되면(그것을 다층성의 패러다임이라 부를 수 있을까) 여러 차원의 인간이 한 인간 속에 조화롭게 공존하는 상태가 가장 이상적인 모델로 제시된다. 시인이면서 정치가, 노동자이면서 자본가인 인간, 가해자이면서 피해자인 존재가 그것이다. 그는 윤리적 인간이면서 동시에 미적 인간이며 동시에 정치적 인간, 자신 속에 여러 층위의 자신이 소통하는 협업적 인간이다. 그는 자신의 삶을 전체적으로 조망하면서 시행착오를 스스로 수정해 나갈 수 있는 반성적 차원을 지닌다.

이런 인간의 관점에 서면, 문학적 차원에서는 문학의 순수성을 외치면서 실천적 차원에서는 파시즘에 적극적으로 협력하는 문학가를 자신 있게 비판할 수 있는 근거를 확보할 수 있다. 자신의 현실적 행위와 문학적 실천이 일치하지 않는 인간은 쓰레기에 불과할 것이기 때문이다. 그에게 작품과 현실은 다르다고 말하는 것 자체가 저능한 담론에 지나지 않을 것이다. 그에게 있어서 책과 현실은 동일한 차원이다. 책을 덮어야 현실이 등장하는 차원과 질적으로 다르다.

현금의 문학과 정치에 대한 수다스러운 말들은 사실상 오랜 묵상을 거치지 않고 청탁 받고 나서 생각해 낸 자기의 입장을 어수선하게 내뱉은 것에 불과하다. 근원적이고 원론적인 문제는 요란스러운 타자의 이론이 아니라 자신의 생각을 삭히는 묵상을 필요로 한다. 헤게모니를 잡거나 주목을 받기 위해 요설을 베푸는 것처럼 한심해 보이는 일은 없다. 근대의 논의가 원론적인 것에 대한 천착 없이 응용에 급급한 것처럼 보이는 것은 바로 그런 묵상이 생략되었기 때문이다. 다들 남의 문제를 이토록 열심히 침을 튀기며 이야기하는 것은 아닌가 하는 것이 근래 나의 관전평이다.

2. 잔혹시 혹은 느와르시의 쇠퇴

가학적인 이미지와 부유하는 기표를 적극적으로 활용하여 한 시대의 유행을 이끌었던 잔혹시, 혹은 느와르시('미래파'라는 개념

이 우스꽝스러워 나는 이 개념을 사용하고 있다.『황금책갈피』1부 참조)
는 이제 좀 가라앉은 추세다. 아마도 이런 시류의 직접적인 원천
은 박상순이 되겠지만, 근래의 수많은 아류작들이 유행하면서
원천조차 시시해졌다. 박상순은 아류가 횡행하면서 그 존재가
각인되었으나 이제는 그 아류들 때문에 같이 묻혀 버릴 사태에
직면했다. 그럴듯한 학설을 매장하는 가장 좋은 방법은 수많은
사이비 학설을 만들어 내는 것이 아니겠는가. 이런 종류의 시가
유행한 원인에 대한 사후적 평가는 김춘식의 계간평(『문학의 문
학』, 2009, 겨울)을 참조할 만하다. 그는 잡지의 상업성과 기성 문
인들의 책임 회피에서 그 원인을 찾는다.

　느와르시가 등장한 배경이나 정신적 동기에 대해서는 이미 여
러 번 말하였기에 생략한다. 수많은 실험들은 이제 일상이 되었
으며 그들의 수사학은 탕진되었다. 더 이상의 새로움은 없다. 시
인의 이름을 가려놓으면 어떤 것이 누구의 작품인지 알 수가 없
다. 시인은 망각되고 유파만 남은 셈이다. 후대의 시사는 이즈음
의 시를 '박상순류의 시풍이 한때 유행하였다'고 기록할 것이다.
이를 둘러싸고 기교주의 논쟁과 같은 초점을 지닌 논쟁이 탄생
하지 못 하였던 것도 이들 시의 한계에서 기인한다. 이들 시에서
피로함이 묻어나는 것은 왜인가. 그것은 수사학의 탕진 때문이
다. 이런 피로를 다음 시가 잘 지적하고 있다.

　　나는,
　　떠나간 당신에게서
　　직유법으로 새처럼 날아오를 수 있었다

자고 일어나도 어두웠다
낮인가 했더니 밤이었다
먼 나라의 국경에서 전쟁이 반복적으로 터졌다
전쟁은 총과 피와 대포를 끌어들여 비극의 이미지가 되었다
죽은 자만큼 태어난 아이들이
국적 없는 거리에 보조관념으로 흩어졌다

사랑이라 했더니 이별이었다
사랑은 혁명처럼 붉은 깃발을 흔들며 역설적으로 사라졌다
우리는 헤어지는 자들을 은유로 위로했다
눈물이 환유적으로 흘렀다

우리는 원관념에서 너무 멀리 걸어와 버렸다
죽은 자들을 다시 불러내어 과장법으로 기록하였으며
죽은 자들은 스스로 별이 되어 상징으로 부활했다
우리는 이미 재생의 은유구조를 알아버린 자들이었다

한 사내가 피를 흘려
모든 죄를 껴안아 용서의 상징이 되기도 했다
세상의 모든 틈이 수사법으로 채워졌다

우리는 너무 많은 위로의 방법을 알고 있었다

— 서안나, 「위로의 방법들」 전문(『미네르바』, 2009, 겨울)

이 시는 우리 시대에 효력을 상실한 수사학에 대하여 말하고 있다. 이 시에 등장하는 수많은 수사학적 개념들은 수사학의 탕진에 따른 효력 상실과 피로를 가리킨다. 수사학은 결핍이 아니라 과잉으로 늘 효력을 상실한다. 결핍이 과잉을 낳았을 수도 있다. 어떤 경우든 현실은 증발해 버렸다. 전쟁은 이미지에 불과하고, 전쟁고아들은 보조관념에 지나지 않는다. 어떤 비극적인 현실도 그 자체의 생생함을 상실하고 관념 속에 던져져 버렸다. 정치의 차원에서 확인되는 자명한 현실이 이렇게 문학에서 증발해 버린 이유를 시인은 우리가 현실의 "원관념에서 너무 멀리 걸어와 버렸"기 때문이라고 본다. 수사학이 감당할 수 없는 문학적 질료로서의 현실성마저 수사학이 전유해 버린 것이다. 시인은 이를 "세상의 모든 틈이 수사법으로 채워졌다"라고 표현하고 있다. 그래서 우리는 이 비극적인 현실을 어떻게도 위로할 수 없다. 그것은 위로의 방법이 결핍되어서가 아니라 위로의 방법이 과잉되어 있어서, 즉 우리가 이미 "너무 많은 위로의 방법을 알고 있"기 때문이다.

우리 시단에 새로운 '위로의 방법'을 들고 나온 느와르시가 전혀 위로가 되지 못한 것도 그들 시가 현실을 새롭게 보게 만드는 데 실패하였기 때문이다. 엽기적이고 잔인한 이미지의 등장, 기표들의 낯선 결탁이 상습적으로 이루어지면서 현실이 증발해 버렸기 때문이다. 필자 역시 초기에는 이 시들이 현실을 새로운 방식으로 제시하여 충격을 줄 것으로 기대하고 있었지만 시간이 지날수록 현실은 수사학과 함께 휘발되어 버리고 만 것을 보고 실망을 금치 못 하였다.

이 시들의 시작법은 다른 시인들이 여러 번 반복해서 보여 주었지만, 최근에 등단하여 느와르시의 막차를 탄 듯한, 그러면서 새로운 모색을 보이는 이우성의 시에서 이를 확인해 보자.

> 네 살배기 조카 데리고 과자 사러 가는데
> 조카가 손가락으로 개나리를 가리키며
> 삼촌, 진달래 한다
> 진달래 아니라 개나리야 해도
> 진달래! 한다
> 기우뚱 기우뚱 신나게
> 진달래 한다
> 길가에 벚꽃이 줄지어 피었기에 조카에게
> 목련, 한다
> 조카도 따라서
> 목련 한다
> 내 손을 꼭 잡고
> 목련 한다
> 산들바람 불자 맞장구치듯
> 벚꽃도 목련 하며 고개 끄덕인다
> 어딘가에서 목련이 벚꽃! 하는 소리 들린다
>
> — 이우성, 「조카의 꽃 이름」 부분(『시에』, 2009, 겨울)

이 시는 느와르시의 문법을 보여 준다. 그것은 한마디로 '기표의 자유'이다. 기의라는 중력으로부터 어떻게 자유로운 기표가 탄생하는지 보여 준다. 물론 박상순이 이미 무덤 파는 사람을 '무덤'이라 부르고, 묘비명을 새기는 사람을 '묘비'라 부르며, 혹은 무엇인가를 '타일'이라 명명하며 이 즐거움을 일찍 보여 준 적이 있다(『시를 사랑하는 사람들』(2009, 11/12)의 박상순 특집 참조). 이우성은 그것을 좀 더 따뜻한 시선으로 제시한다. 느와르시의 잔혹성을 제거하고 서정적 포즈를 보여 주는 것이다. 위의 시에서 조카가 '개나리'를 '진달래'라고 부르는 것을 시적 화자가 수정하려고 하지만 그는 이내 그것의 즐거움을 알아챈다. 조카가 "기우뚱 기우뚱 신나게" 기표의 자유를 즐기고 있기 때문이다. '기우뚱한 신바람'은 언어의 새로운 차원을 환기시킨다. 세계는 이제 새로운 옷을 갈아입고 우리에게 나타날 것이다. 그런 신바람이 화자를 자유롭게 한다. 세계는 기의가 요구하는 억압으로부터 독립을 선언한다. "벚꽃도 목련 하며 고개 끄덕"이는 것이다. 조카의 생생한 즐거움으로부터 세계가 젊어진다.

 그러나 근래 느와르시가 피로해진 것은 이 '기우뚱한 신바람'을 상실하였기 때문이다. 상투적인 반복은 신바람을 잠재운다. 시인들은 새로운 활로를 찾지 못하여 당황한 채, 서로들 관습이 되어 버린 말투와 행동을 반복한다. 일단 벚꽃이 목련이 되어 버리자, 벚꽃은 목련으로 굳어져 버린다. 이것은 느와르시의 활법이 아니다. 그렇다면 벚꽃이 벚꽃인 것과 무엇이 다르겠는가. 벚꽃은 목련으로, 목련은 바람개비로, 바람개비는 또 더 생생한 무엇으로 거듭나야 할 터인데 이 세계의 신생을 가져올 연금술의 황금 연쇄는 이루어지지 않는다. 이것이 바로 수사학의 탕진이다. 수사학은 세계의 신생을 목표로 하는 연금술의 일종이지만,

느와르시를 통해 납 중독으로 인도되고 말았다. 새로운 활력을 되찾을 때 독자는 이 시의 조카처럼 시인의 "손을 꼭 잡고/목련" 하며 즐거운 소통의 시간을 보낼 수 있을 터인데.

3. 낯설고도 오랜 비상구

그렇다면 비상구는 없을까. 상습적인 낯섦이 가져다주는 피로를 푸는 데에는 오래된 서정성이 최고의 드링크제가 아닐까. 낯선 것의 즐거움은 오래지 않아 피로를 유발하지만 오래된 서정은 사람을 편안하게 한다. 그것은 우리의 감각과 정서가 보수적이기 때문이다. 우리에게 뜨거운 피가 흐르고 살냄새가 나는 한, 서정시는 존재할 것이다. 서정시에서도 혁신을 꿈꾸고 있지만, 새로운 서정은 새로운 대로 가치를 지니고 오래된 서정도 오래된 대로 가치를 지닌다. 그것은 감각의 보수성과 맞물린 서정성의 특수한 존재 양식 덕택이다.

> 사람이란 그렇다
> 사람은 사람을 쬐어야지만 산다
> 독거가 어려운 것은 바로 이 때문, 사람이 사람을 쬘 수 없기 때문
> 그래서 오랫동안 사람을 쬐지 않으면 그 사람의 손등에 검버섯이 핀다 얼굴에 저승꽃이 핀다
> 인기척 없는 독거
> 노인의 집

군데군데 습기가 차고 곰팡이가 피었다
시멘트 마당 갈라진 틈새에 핀 이끼를 노인은 지팡이 끝으로 아무렇게나 긁어보다가 만다
냄새가 난다, 삭아
허름한 대문간에
다 늙은 할머니 한 사람 지팡이 내려놓고 앉아 지나가는 사람들 바라보고 있다 깊고 먼 눈빛으로 사람을 쬐고 있다

― 유홍준, 「사람을 쬐다」 전문(『유심』, 2009, 11/12)

좀 낡은가. 그렇지만 편안하지 않은가. "사람은 사람을 쬐어야지만 산다"라는 것은 인생의 절대적인 명제이자 서정시의 성립 조건이다. 느와르시가 처음 등장하면서 악을 쓰며 '사람을 쬐'지 않으려 몸부림칠 때 사람들은 탄성을 질렀다. 저런 식의 발성법도 가능하구나 하면서 말이다. 그러나 그것의 피로가 이렇게 빨리 올 줄은 몰랐다. 유홍준 식의 서정성은 금방 퇴색하지 않을 것이다. 이런 시들이 지닌 잠언의 힘과 그것을 감싸고 있는 부드러운 서정성이 사람들에게 자극적이지 않으면서 오래 가는 즐거움을 가져다주기 때문이다. 물론 이런 즐거움을 상습적이고도 상투적으로 만들어 내려는 시들이 있어 문제가 되긴 하지만. 이런 시가 너무 낡게 느껴진다면 다음 시는 어떤가.

에너지의 매듭이 물질이라는 생각
전자파의 파장들이 겹쳐서 간섭무늬를 만들어 내고
시공간의 좌표에서 질량으로 표시된다는 물리학자들의 생각

쿼크와 소립자의 집합이 핵력 속에 갇혀있는 에너지의 매듭이라는 생각

매듭이 비단직물처럼 얽혀서 흙과 돌과 금속과 벌레와 새들의 몸을 만들고 있다는 생각

형상을 만들어 내는 디자인과 프로그램이 시공간에 가득하다는 생각

내 목숨도 에너지 매듭이 풀리면 시공간의 암흑물질로 돌아가리라는 생각

그 때의 시공간 좌표는 다른 행성이나 은하계일지도 모른다는 생각

아직 지구에서의 공부가 끝나지 않았다면

아마존 오지의 부족으로 태어나 얼굴과 가슴에 붉은 선을 그리고 환각식물들의 지혜를 공부할지도 모르겠다는 생각

모두가 매듭이 원인이라는 생각

내 뇌에서 기억들이 매듭을 지어 관념과 추론과 상상이 만들어지고 지도를

그리고 있다는 생각

신경망도 결국 그물과 매듭이라는 생각

인간의 몸도 자연의 일부이니 같은 프로그램으로 이루어졌다는 생각

지상의 매듭을 풀면 하늘의 매듭도 풀어진다는 신비주의자들의 생각을 보고

나라는 매듭을 풀어야 하나 묶어야 하나

선택이 문제라는 생각

매듭과 매듭이 인드라망의 진주거울처럼 서로 쳐다보고 있으니

매듭은 의식과 꿈을 만들어내는 마야라는 생각
상상이 매듭의 그물사이로 장자의 나비처럼 날아가고 있다는 생각
　　　― 김백겸, 「그물과 매듭」 전문(『시를 사랑하는 사람들』, 2009. 11/12)

　　지금 우리 시가 나아가야 할 방향이 있다면 이런 스케일과 사유가 갖춰진 시에서 찾아야 되지 않을까. 우리 시대에 시인은 많으나 큰 시인이 없다는 탄식은 어디에서 올까. 바로 이 시가 지니는 사유를 감당해 내지 못하는 시인들이 즐비하기 때문은 아닐까. 이 시는 우리 존재의 본질에 대하여 말한다. 녹차를 마시듯 이 작품을 천천히 음미하고 있으면 마치 반야심경이라도 읽고 있는 것은 아닌가 하는 느낌을 받는다고 하면 과장이라 할까. "매듭이 비단직물처럼 얽혀서 흙과 돌과 금속과 벌레와 새들의 몸을/만들고 있다는 생각," "내 목숨도 에너지 매듭이 풀리면 시공간의 암흑물질로 돌아가리라는 생각," "모두가 매듭이 원인이라는 생각," 이런 생각들이 시로 형상화될 때 느끼는 감동은 시의 새로운 차원이 타개되는 상황을 목도하는 감격 때문이기도 하다. 우리 시의 왜소함은 기표의 차원에 언어를 가두려는 욕심에서, 덜 된 깨달음을 시로 끌어들이려는 유치함에서, 사물의 평면성에 대한 집착에서 생긴다. 우리 시가 큰 시로 태어나려면 숙성된 사유가 탁월한 형상을 통해 새롭게 태어날 수 있도록 시인들이 거듭나야 할 것이다. 이미지스트 정지용과 마찬가지로, 이미지스트 백석이 이미지스트로 남았다면 그가 좋은 시인이 되었을 리 없었을 것이다. 정지용이 이미지스트의 기교를 통해 「백록담」, 「장수산」의 세계에 도달하지 못 하였다면, 백석이 「남신의

주 유동 박시봉방」의 세계에 도달하지 못 하였다면, 그들은 큰 시인으로 기억되지 못 했을 것이다.

(『시작』, 2009, 봄)

문학-정치 담론의 지형도, 그리고 시의 문제

1

　지난 몇 년 동안 각종 문학잡지에서 화두로 제시되었고 여전히 현재진행형이라 할 수 있는 문학과 정치의 문제는 상당한 분량의 평문을 양산해 내었으나 의미 있는 결과를 도출하였다고 보기는 힘들다. 일차적으로 그 원인은 이 문제가 현실의 절박한 상황이나 구체적인 문제로부터 출발한 것이 아니라 관념적인 차원에서 시작되었다는 데 있다. 물론 촛불 시위가 있기는 하지만 그것은 현실적 발언이 강력하게 요구되는 절체절명의 상황에 육박하는 사건이라 할 수 없다.
　근래 문학-정치 담론의 동기는 순전히 문학 내적 문제와 관련되어 있다. 즉, 정치적 이데올로기에 기반을 둔 거대 담론의 소멸에 따른 문학의 파편화, 미시화에 대한 문학 내적 반성이 그 계기라 할 수 있다. 거대 담론이 소멸하고 나자 남는 것은 그 배후에 이데올로기가 제거된 텅 빈 사실들의 파편들뿐이다. 거대 담론의 시대에는 파편들이 중세적 질서를 닮은 거대 담론 안에서 자신의 위치를 부여받고 안정한 상태로 놓여 있었다. 그러나 그것의 허구성이 지적되자 사실들의 파편은 자유를 얻는 대신 방향성을 상실하였다. 파편들은 이제 무방향의 자족적인 존재가 되어야 했다.

거대 담론의 소멸은 1980년대 말에 있었던 동유럽 사회주의국가와 소련의 붕괴에 기인한다. 이런 세계사적 현실은 우리나라에 그대로 반영된다. 그 상징적인 예가 김기택이 될 것이다. 그는 1989년 한국일보 신춘문예 당선 후에 가진 인터뷰에서 민중문학에 대한 반감을 표시하여 많은 사람들을 놀라게 하였다. 그는 "가난한 자들의 내면을 사랑하거나 소중히 여기기보다는 그것을 이용해서 남을 변화시키려는 민중주의 예술의 작위성을 증오한다"라는 말을 했다.

거대 담론의 붕괴는 필연적으로 미시 담론의 부상을 가져온다. 생활사, 문화사적 접근의 유행도 이와 무관하지 않다. 김기택을 위시한 시인이 선택한 것도 미시적 시각에 따른 치밀한 묘사였다. 당연히 소재에서 현실의 민감한 부분은 배제되었다. 그리고 이런 입장은 하나의 경향이 되어 갔다. 미시적 시선으로 구체적 대상의 내밀한 묘사에 치중하는 시적 경향을 지닌 시인들을 하나의 그룹, 즉 네오이미지즘(neo-imagism) 혹은 미시파(微示派)라 부를 수 있을 정도가 되었던 것이다.

이런 미시파적 시선이 문단의 중심적 경향으로 자리 잡자 서서히 그것이 지닌 한계에 주목하는 시선이 나타나기 시작하였다. 시 혹은 문학이 자율적인 체계 내에서 안주하여 공동체적 감각을 잊거나 무시하고 있다는 비판적인 시선이 지배적으로 되어 가면서, 또 이에 386적 향수가 덧붙어서 문학의 왜소화에 대한 염려가 여러 잡지 특집으로 나타났던 것이다. 문학-정치 담론은 그중 가장 세련되면서 지속적인 주제이다.

그러나 문학 내적 동기의 문제는 문학-정치 담론의 부실에 있어서 부차적이다. 더 본질적인 것은 그 담론에 참가한 주체의 자질에 있다. 즉, 문학의 본질, 자신의 문학적 입장에 대한 성찰이 그 주체들에게 부족했다. 문학과 정치의 관계에 대한 문제는 본질적 범주에 대한 근원적인 질문이다. 이는 구체적이고 현상적인 사건을 다루는 것과는 전혀 다른 차원의 문제이다. 그래서 무엇보다 문학에 대한 자신의 견해가 대타적으로 성찰되지 않으면 그 문제의 본질적인 측면에 전혀 도달할 수 없다. 문학이 무엇이냐 하는 문제가 고찰되지 않은 상황에서 어떻게 정치의 문제를 논할 수가 있을 것인가. 작금의 문학-정치 논쟁은 곧 문학에 대한 자의식이 부족한 상태에서 자유롭고도 무책임하게 내던진 난상 발언인 셈이다.

또한 이런 부실을 부추긴 것은 해외문학파적 시각이다. 당면한 문제를 주체적으로 소화하기 위해 거쳐야 할 철저한 고민을 랑시에르, 바디우 등의 두뇌로 대신해 버렸다는 점이다. 그래서 그들의 이론이 문학-정치 담론을 이끌어 가는 형세가 되었다. 그들에 대한 지식의 양이 담론에서 우위를 점하는 모양이 되면서 담론은 1920년대 카프의 교조적 논쟁과 유사한 차원이 되어 버렸다. 물론 그 속에도 이끌어 낼 의미는 있겠으나 그만큼 우리의 자생적 고민은 위축될 수밖에 없을 것이다.

 이제 문학-정치 담론의 진전을 위해 본고에서 문학과 정치의 관계를 다루는 방식 두 가지를 변별해 내고 그로부터 시의 문제를 다루고자 한다. 즉, 문학-정치 담론의 지형도를 그려 논자 자신의 위치를 인식하게 하여 다음 차원의 논의를 예비하기 위함이 이 글의 기본적인 목적이라 할 수 있다.

2

 문학-정치 담론은 일단 문학과 정치가 상관관계에 있다는 점을 전제하는 담론이다. 상관관계에 있다는 것도 여러 층위가 있을 수 있다. 현실적으로 혹은 본질적으로 그럴 수도 있다는 논의도 가능하고, 현재에는 그렇지 않지만 미래에는 상관관계를 가져야 한다는 식의 주장도 가능하다. 또한 어느 한쪽이 일방적인 우위에 놓여야 한다는 주장이나 상호보완적인 관계에 놓여야 한다는 주장도 가능하다. 어떤 경우든 문학과 정치의 상관관계를 부정한다면 그것은 문학-정치 담론에 포함될 수 없을 것이다. 각각 독립된 영역에 국한된 담론에 지나지 않기 때문이다.

 상관관계를 상정하더라도 문학과 정치를 동등한 입장에서 다루는 것은 원론적으로 불가능하다. 상관관계는 본질의 교집합에서 찾아야 한다는 점에서 도식주의적 결합은 무의미하기 때문이다. 그렇다면 문제되는 것은 그 교집합의 질료가 어느 쪽에 더 본질적인가 하는 점이다. 이 점을 고려할 때, 문학-정치 담론은 크게 두 가지 층위로 나눠질 수 있다. 하나는 문학의 본질을 확장하여 정치의 속성을 그 속에서 찾는 입장이며, 다른 하나는 정치의 본질을 확장하여 그에 따라 문학의 속성을 규정하는 입장이다. 전자를 문학주의라 부른다면, 후자를 정치주의라 부를 수 있다.

먼저 정치주의부터 다루어 보자. 정치주의는 정치의 함의를 아주 근원적이고도 미시적인 차원에까지 확장시키는 방식이다. 가장 좋은 예는 공자가 될 것이다. 어떤 사람이 공자에게 왜 정치를 하지 않느냐 질문하자 공자는 다음과 같이 대답하였다.

> 서경에 효에 대해서 말하기를, '오로지 효를 실천하며, 형제간에 우애롭게 지내어 정치에 베푼다' 하였으니, 이 또한 정치를 하는 것이니, 어찌하여 벼슬해서 정치하는 것만을 정치라 부를 수 있겠는가(書云孝乎 '惟孝 友于兄弟, 施於有政.' 是亦爲政, 奚其爲爲政).

여기서 정치는 관직에 올라 행정적 차원에서 자신의 의사를 펴는 것, 즉 정사(政事)를 의미한다. 이는 곧 정치의 일반적인 의미와 크게 다를 바 없다. 즉, 인간이 사회를 영위하는 데 필요한 일반적 사회 규칙의 보존 및 수행이 그것이다. 공동체의 감각을 통해 대(對) 사회적 규칙을 수행하는 것이 정치임을 이미 알고 있음에도 불구하고 공자는 정치의 의미를 무한하게 확장하여 일상생활의 실천 차원에 적용하고 있다. 이때 정치는 공동체적 감각, 즉 대 사회적 실천이 없어도 가능한 것이 되었다. 정치에 있어서 필수적인 요소인 사회적 차원의 행위를 개인적 차원으로 대체하는 것이다. 이는 정치의 의미를 가장 미소한 지점까지 내려보냄으로써 정치의 범주를 엄청나게 확장한 경우라 할 수 있다.

그렇다면 문학에서 정치주의란 무엇일까. 정치주의는 문학의 자율적 가능성을 그다지 높이 평가하지 않는다. 정치의 범주 내에서 문학을 다룰 뿐이다. 이런 입장의 대표적인 예가 프레드릭 제임슨이 될 것이다. 그의 유명한 개념인 '정치적 무의식'이 이런 입장의 핵심이라 할 수 있다. 주지하다시피 프로이트 이론을 역사화하는 것, 즉 심리주의를 사회적 차원으로 전유하는 것이 제임슨의 주안점이다. 프로이트의 꿈의 해석이 개인의 무의식에 주목하듯, 제임슨의 텍스트 해석은 텍스트의 무의식에 주목한다. 이때 정치적인 국면은 텍스트의 무의식의 차원에 이미 주어진 것으로 전제된다. 따라서 그에 따르면 하나의 텍스트는 본질적으로 정치적 차원을 함유하고 있기 때문에 정치적인 것과 비정치적인 것의 구분은 일종의 죄악에 불과하다.

이런 관점에서 볼 때 사회적이고 정치적인 문화적 텍스트와 그렇지 않은 문화적 텍스트에 대한 편리한 구분은 단순한 오류보다 더 나쁜 무엇, 즉 현대적 삶의 물신화와 사유화의 징후이자 강화이다. 이런 구분은 공적인 것과 사적인 것, 사회적인 것과 심리적인 것, 정치적인 것과 사적인 것, 역사(혹은 사회)와 "개인" 사이의 구조적, 경험적, 개념적 간극을 재확인시켜 주는데, 바로 이런 구분 — 자본주의 하의 사회적 삶의 경향적 법칙 — 은 우리의 말로부터 우리를 소외시키는 것만큼이나 분명하게, 개별 주체로서의 우리 존재를 불구화시키고 시간과 변화에 대한 우리의 사고를 마비시키는 것이다. …(중략)…
그런 억압으로부터 유일한 효과적인 해방은 사회적이거나 역사적이
지 않은 것은 아무것도 없다는, 실로 모든 것은 "최종적인 분석에 있
어서는" 정치적이라는 인식과 더불어 출발한다. …(중략)… 정치적 무
의식에 대한 주장은 그런 최종적인 분석을 떠안으며, 문화적 산물이
란 결국 사회적으로 상징적인 행위라는 것을 드러내는 것으로 이끄
는 복합적인 경로를 탐구하는 것이다.[1]

정치적 텍스트와 비정치적 텍스트의 구별을 거부하는 것은 곧
정치와 문학의 구분을 거부하는 것과 동일하다. 그가 제시한 이
항 대립들, "공적인 것과 사적인 것, 사회적인 것과 심리적인 것,
정치적인 것과 사적인 것, 역사(혹은 사회)와 개인"의 거부는 텍스
트와 실천의 차이의 구분을 무화시키는 데까지 확장될 수 있다.
이 이항 대립의 해체는 문학 텍스트와 정치적 실천의 무화를 포
함한다. 이런 제임슨의 시선은 정치를 동심원으로 하여 문학(텍
스트)을 포섭하는 정치주의의 전형적인 예이다.

모든 것이 정치적 무의식을 담고 있다는 이런 인식에서 각종
층위에 놓인 텍스트의 차이는 무의미하다. 그것이 문학 텍스트
이건 행위이건 예술 작품이건 사건이건 개별적인 특성을 지니
지 않는다. 텍스트는 모든 것을 포함한다. 제임슨이 레비스트로
스가 제시한 카두베오 족의 얼굴 장식을 하나의 텍스트로 다루
고 있는 것도 이 때문이다. 이런 시선은 그가 마르크시즘에 시선

---

1. Fredric Jameson, *The political unconscious*, Ithaca, NY: Cornell UP, 1981, 20쪽.

의 근거를 두고 있기 때문에 가능하다. 그는 스스로 "나의 입장
은 오직 마르크시즘만이 여기서 논의된 역사주의의 딜레마에 대
한 철학적으로 논리정연하고 이데올로기적으로 설득력 있는 해
법을 제시할 수 있다는 것"(19쪽)임을 강조하고 있다.

정치주의는 정치의 무소부재를 증명하는 데 몰두한다. 문학
행위 역시 정치의 전방위적 그물 속에 놓인다. 정치는 이미 무의
식이기 때문에 인간의 모든 행위, 모든 산물은 정치적 산물에 불
과하다. 이런 차원에서 문학과 정치의 관계를 논한다는 것은 동
어반복에 지나지 않거나 재론의 여지가 없는 당연한 말에 불과
하다. 문학은 근원적으로 정치적 범주에 속해 있기 때문이다.

제임슨은 완고하고 교조주의적인 경직된 정치 개념을 유연하
고도 자연스럽게 의미 변경하여 리얼리즘의 지평을 확장시켰다.
그는 사회적, 실천적 차원에서 작동되는 '정치'의 개념을 손상시
키지 않고 문학 텍스트 내부에서 그것을 발견하게 한다. 이때 정
치는 문학 외부의 타자로 존재하며 문학의 성격을 규정하는 절
대적 존재가 된다. 그는 자신이 마르크시스트임을 부정하지 않
고 따라서 마르크시즘의 '정치'라는 구체적 개념을 보존하였던
것이다.

3

그렇다면 문학주의는 어떠할까. 문학주의는 개념의 포획 방식

에 있어서 정치주의와 유사하다. 문학주의 역시 철저하게 문학 담론 내에서 문학의 모든 가능성을 타진하며, 필요하다면 문학의 요소에 새로운 항목을 설정해 기입한다. 당연히 정치의 국면도 문학의 자질 속에서 찾아낸다. 이때 정치는 문학 외부의 타자로 존재하지 않고 문학 내부로 편입된다. 더 정확하게 말하자면 문학의 기본적 자질이 된다. 이런 입장을 보여 주는 전형적인 논자가 바로 최근 우리 담론에 전방위적 영향력을 끼친 랑시에르다.

랑시에르가 규정하는 미학의 본질은 감성, 혹은 감각적인 것의 분배이다. 그는 이것을 '감성의 분할'이라 부르고, 다음과 같이 설명한다.

> 어떤 공통적인 것의 존재 그리고 그 안에 각각의 몫들과 자리들을 규정하는 경계설정들을 동시에 보여주는 이 감각적 확실성의 체계를 나는 감성의 분할이라고 부른다. 감성의 분할은 따라서 분할된 공통적인 것과 배타적 몫들을 동시에 결정짓는다. 몫들과 자리들의 이러한 분배는 어떤 공통적인 것이 참여에 소용되는 방식 자체 그리고 개인들이 이 분할에 참여하는 방식 자체를 결정하는, 공간들, 시간들 그리고 활동 형태들의 어떤 분할에 의거한다.[2]

랑시에르가 말하는 '공통적인 것'은 공동체적 감각과 관련되어 있다. 미학이 이 '공통적인 것'과 연계되어 있다는 것은 랑시에르의 기본적인 전제에 속한다. 이것은 그가 개인적인 영역을

---

2. 자크 랑시에르, 오윤성 옮김, 『감성의 분할』, 도서출판 비b, 2008, 13-14쪽.

벗어나서 더 포괄적인 지대를 겨냥하고 미학 혹은 문학의 가능성을 검토하고 있음을 알려준다. 이 '공통적인 것'은 당연히 정치의 핵심이다. 그래서 이런 규정 자체는 미학이 본질적으로 정치와 상동관계에 있다는 결론과 맞닿아 있다. 그래서 그는 "예술의 실천들의 가시성의 형태들, 그것들이 점유하는 장소, 그것들이 공통적인 것의 견지에서 '행하는' 것에 대한 질문을 우리가 제시할 수 있는 것은 바로 이 본래의 미학으로부터다"(15쪽)라고 단언할 수 있었던 것이다.

그러나 근래 평문에서 랑시에르가 너무나 당연하게 제시하고 있는 이 전제의 타당성을 그다지 문제 삼지 않은 것은 의아하다. 그가 말하는 '공통적인 것'은 타자의 배제와 이익의 분배 등을 결정하는 실천적 차원, 즉 정치의 차원과 연계되어 있다. 미학이 과연 이런 현실적이고 실천적인 차원을 본질로 삼고 있었던가. 아쉽게도 역사는 그리 적절한 예를 제시하지 못하고 있는 것으로 보인다.

공통적인 것의 존재와 그 내부의 경계 설정을 보여 주는 '감각적 확실성의 체계'란 무엇인가. 그에게 있어서 공통적인 것이 존재한다는 사실과 그 속에 존재하는 경계 설정의 문제는 정치와 관련된 현실적이고도 수행적인 차원의 문제가 아니다. 그것은 감각의 차원에 존재하는 확실하고도 보편타당한 어떤 것이다. 그러나 감각, 혹은 감성을 정치와 근본적으로 동일한 것으로 보는 것은 미학의 가능성을 너무 과대평가한 것은 아닌가. 미학이 어떤 점에서 수행적 차원에 관여되어 있다는 것인가. 그가 예술들이 "공통적인 것의 견지에서 '행하는' 것"이라는 말에서 강조한 '행한다'라는 것의 의미가 '감각의 분할'이라면 정치나 미학은 너무나 시시한 것임에 틀림없다. 랑시에르는 바로 이 점에서 비약을 감행하고 있다. 그는 두 번의 비약을 통해 정치와 미학의 층위를 연계한다. 한 번은 미학과 감각의 분할을 동일시함으로써, 또 한 번은 감각의 분할과 정치를 동일시함으로써이다. 그는 이 비약을 문학과 관련하여 좀 더 구체적으로 설명한다.

> 중요한 것은, 미학/정치의 관계의 문제가 제기되는 것은 바로 공동체의 공통적인 것에 대한 감각적 경계설정의 수준, 그 가시성과 그 편제의 형태들의 수준, 바로 이 수준에서라는 것이다. 사회 해석의 낭만주의적 문학 형태들로부터, 꿈에 대한 상징주의 시학 또는 예술의 다다이즘적 또는 구성주의적 제거를 거쳐, 퍼포먼스와 설치의 현대적 방식들에 이르기까지, 우리가 예술가들의 정치적 개입들을 생각할 수 있는 것은 바로 여기서부터다(22-23쪽).

예술가들의 정치적 개입이 가능한 것이 "공동체의 공통적인 것에 대한 감각적 경계설정의 수준, 그 가시성과 그 편제의 형태들의 수준"이라면 정치의 실정적인 차원은 왜소하기 그지없게 된다. 이는 문학의 가능성을 높이기 위해 정치의 구체적인 차원을 무력화하거나 중화시키는 전략이라 할 수 있다. 그가 '정치'라는 개념을 재조정하는 것도 이 때문이다. 즉, 기존의 개념을 적용할 때 지금까지 우리가 가져온 의구심이 해소될 가능성이 없기 때문이다. 미학 내에 정치적 요소가 선재하고 있다고 주장하기 위해서 '정치' 개념의 재조정은 필수적이다. 그래서 랑시에르는 정치의 개념을 '치안'과 '정치적인 것'으로 구분한다. 우리가 일반적으로 말하는 정치, 즉 "당들 간의 권력투쟁과 이 권력의 행사"[3]를 그는 '치안'이라 부른다. 그는 보다 바람직한 차원, 따라서 현실적으로 존재하지 않는 이상적 상태의 정치를 '정치적인 것'이라 명명한다. '정치적인 것'은 감성 분할의 범주와 실천 과정에서 생기는 "불화 논리를 치안 논리에 대립시키는 해방이라는 무질서적 과정"[4]이다. 즉, 공통적인 것을 작동시키는 규정들에 의해 배제된 것, 즉 보이지 않는 것을 보이게 하는 활동을 의미한다. 문학이 본질적으로 관여해야 할 차원의 정치는 바로 '치안'이 아니라 '정치적인 것'이다.

문학과 정치라는 이항 대립에 놓인 명백하고 구체적인 의미의 정치를 이런 식으로 의미 변경해 버릴 때, 문학이 지닌 현실적이고 실천적인 가치는 상당히 내재화된다. 이 내재화는 사실상 정치의 소멸이다. 그래서 랑시에르의 이론은 미적 자율성의 최종적인 이론이라 할 수 있다. 미적 자율성의 도정이 그에 도달해서 드디어 하나의 완결된 이론으로 완성된 것이다. 그의 이론은 가장 완결된 상태의 문학주의인 것이다. 그는 이처럼 용감한 문학주의자다. 아니 그전에 어느 누구도 이런 식의 무모한 용기를 부릴 형편이 되지 않았다는 것이 솔직한 평가일 것이다.

---

3. 자크 랑시에르, 양창렬 옮김, 『정치적인 것의 가장자리에서』, 길, 2008, 15쪽.
4. 자크 랑시에르, 『감성의 분할』, 126쪽. 용어 해설 항목에서 가져온 것임.

4

 근래 문학-정치 담론의 대부분은 시의 문제와 관련되어 있다는 점이 특색이다. 그 많은 갈래 중에 왜 시인가? 정치와 상대할 문학 갈래로서는 소설이 더 적절하지 않겠는가. 문학-정치 담론에서 시가 특기되는 것은 현재 시가 정치와 가장 먼 거리에 놓여 있다는, 정치로부터 가장 먼 곳에 와 있는 갈래가 바로 시라는 판단의 징후로 읽어야 한다. 시는 은유적이건 사실적이건 정치(랑시에르의 용어로 하자면 '치안')와 너무 멀리 떨어져 있다. 시는 이것의 간격을 의식적으로 고민하여야 한다.
 그러나 근래 논의는 랑시에르의 문학주의에 손쉽게 자족하는 양상으로 나타난다. 자족적 문학주의의 가장 극단적인 예는 "시의 정치성은 추구의 대상이 아니라 시로 있음으로써 사후적 확인을 요구하는 또 하나의 가능한 해석"이라거나 "시여, 해석은 자율의 뒤에 있으니, 너는, 충분히, 전적으로 자율이어도 좋다, 아니 자율이어야 한다! 이 선언은 결코 정치를 등지지 않는다"[5]는 주장이라 할 수 있다. 이보다 더 신중하지만 그래서 더 모호한 주장도 이와 크게 다르지 않다. "매체혼합과 장르혼합을 비롯해 다양한 방식으로 정치적 상상력을 작동시키는 모더니즘이야

---

5. 강계숙, 「'시의 정치성'을 말할 때 물어야 할 것들」, 『문학과 사회』, 2009, 가을, 388-9쪽. 가장 치밀한 논의를 보여 준 서동욱의 경우도 문학을 이미지로 말할 수밖에 없었다는 점에서 이와 유사하다. 다만 훌륭한 이미지론이라는 점은 특기할 만하다. 서동욱, 「시와 비진리」, 『세계의 문학』, 2009, 여름, 참조.

말로 오늘날 예술적 아방가르드를 자임하는 예술가들에게 열려 있는 길"[6]이라는 주장이 그것이다. 여기서 모더니즘에 딸린 정치적 상상력은 이미 거세된 정치에 불과하다. 정도의 차이가 있지만 이런 주장들은 시작 행위 일반을 정치적 행위로 동일시하는 무책임한 주장이 아닐 수 없다. 모든 유보 조건을 일시에 제거하고 어떻게 문학이 그 자체로 정치적일 수 있다는 말인가. 정치를 이렇게 탈정치화시키면서도 정치를 말한다고 할 수 있는 것일까. 이런 단순한 논의에 힘을 실어준 것이 랑시에르였다는 점에서 랑시에르의 한계와 위험성은 명백하다.

이 한계에 노련한 노비평가도 관여되어 있다는 점에서 그 위험은 간과할 수 없을 것이다. 그가 "시인에게는 개인적 정치참여보다 작품의 정치성이 핵심문제고 작품은 사람들의 감성을 바꿈으로써 가장 본질적인 정치참여를 수행한다는 말은 맞다"[7]라고 할 때, 그는 이미 어정쩡한 문학주의자가 되어 버린다. 정치의 본질이 행위가 아니라면 문학도 행위가 아니다. 반대로 문학이 이미 하나의 행위라면 정치도 당연히 하나의 행위다. 그래서 무용에서 무용가를 분리하는 것은 어리석은 것을 넘어서서 위험한 것이 된다. 이육사는 "나에게는 행동의 연속만이 있을 따름이오. 행동은 말이 아니고, 나에게는 시를 생각는다는 것도 행동이 되는 까닭"이라고 한 말을 기억하라. 문학에서 행위를 제거한다면 행위만을 할 수 있는, 즉 정치적인 차원에 존재하는 자, "정치참여"를 하

---

6. 진은영, 「감각적인 것의 분배」, 『창작과 비평』, 2008, 겨울, 83쪽.
7. 백낙청, 「현대시와 근대성, 그리고 대중의 삶」, 『창작과 비평』, 2009, 겨울, 36쪽.

는 자는 누구인가? 이 비평가는 도대체 누구를 배제해 버리는 감성의 분할을 수행한 것인가. 결국 공인된 정치가밖에 없다는 것이 아닌가. 이것은 문학을 통해 이룩해 온 온갖 정치적 투쟁의 의미를 무화시키는 발언이 아닐 수 없다(그의 이런 어정쩡한 태도는 진은영, 이장욱 등의 한계를 제대로 지적하지 못하는 소심함에 이미 예견되어 있다. 그는 젊은 세대의 눈치를 꽤 보고 있는 것이다). 다만 그가 '치안'에 대한 고려의 중요성을 환기시킨 것은 그의 이름이 그래도 아직 다소나마 의미를 지닌다는 위안을 주기에 충분하였다. 하지만 랑시에르가 프랑스인이라서 '치안'의 위험성을 덜 중시했으나 우리의 경우 "치안의 영역이 극히 불안정하여 '감각적인 것의 분배'에 직접적인 영향을 미친다"(37쪽)니 이것은 무슨 실언인가. 랑시에르가 말한 '치안'은 본질의 차원에서 말한 것으로, 또한 현상 속에서 결코 변질될 수 있는 것이 아니다. 그것은 치안 상태의 위험성과 상관이 없다. 문학이 본질적으로 '치안'이 아니라 '정치적인 것'과 관련되어 있다는 말이 지닌 문학주의적 속성을 이해하지 못 한 것이다. 이에 비하여 다음 논의는 정치주의에 다가서 있다.

어떤 시인들은 이미 모험을 시작했다. 이 모험에서 비평이 거들 수 있는 일이 별로 없을지는 모르지만, 하지 않는 편이 좋을 일들이 있다. 예컨대 정치적인 것과 정치학적인 것의 구분을 흐리는 방식으로 정치성의 내포를 한없이 넓혀서 사실상 아무것도 하지 않아도 된다는 논지에 도달하거나, 시인과 시는 분리되어야 하므로 시민으로서의 정치적 고민과 시인으로서의 미학적 고민은 서로 분리되어야 한다고만 말하거나, 시는 본래부터 직접적으로 정치적일 수 없고 그러

려는 순간 미적으로 실패하거나 미학적으로 퇴행할 것이라고 과도하게 전제하는 일들 말이다.[8]

세 가지 부정적인 비평 중 첫 번째는 문학주의를 가리킨다. 정확하게 랑시에르라기보다는 랑시에르를 추종하는 젊은 비평가들의 경우다. 두 번째는 앞에 인용한 글의 필자가 전혀 고려하지 않은 바이겠지만 바로 내가 앞에서 비판한 노련한 노비평가의 경우이다. 노비평가의 의도와 달리 그는 이미 이 부류에 들어와 있었던 것이다. 세 번째는 내가 이미 문학-정치 담론에서 배제한 것이다. 그렇다면 비평은 무엇을 하자는 것인가. 이 글의 필자는 랑시에르에 발을 살짝 걸치고 제임슨에게로 몸을 반 이상 기울이고 있다.

> 첨예하게 미학적인 시들에서 우선 그 미학적인 것의 핵심을 정확하게 읽어내고(우리는 이것을 생략하고 그 다음 단계로 나아가는 투박함을 혐오해야 한다), 그 이후에 거기에서 정치학적인 것까지를 읽어내는 일 말이다(385쪽).

표층적 차원에서 정치적인 암시를 읽어 낼 수 없는 텍스트에도 정치적 무의식을 읽어 내야 한다는 제임슨의 논의와 흡사하다. 그러나 더 정밀하게 읽을 때 이것은 다소 과격한 쪽으로 표현된 문학주의이다. 한마디로 과격하게 말하자면 정치주의를 가장한 문학주의라는 것이다. '미학적인 시들'에 이렇게 정치적 의미를

---

8. 신형철, 「가능한 불가능 — 최근 '시와 정치' 논의에 부쳐」, 『창작과 비평』, 2010. 봄, 377쪽.

부여할 수 있다면 어떤 시이든 정치적이지 않을 이유가 없을 것이다. 그렇다면 정치를 해석의 차원으로 떠넘긴 논의와 다를 바가 없다. 가령 "시여, 해석은 자율의 뒤에 있으니, 너는, 충분히, 전적으로 자율이어도 좋다, 아니 자율이어야 한다! 이 선언은 결코 정치를 등지지 않는다"라는 말이 오히려 더 솔직하지 않은가. 시인이 자기 쓰고 싶은 대로 시를 쓰면 정치적 차원은 사후적으로 저절로 따라올 것이라는 논의는 미학적인 것을 앞세우고 거기에서 추후에 정치적인 것을 읽는 논리와 그다지 멀어 보이지 않는다. 사후에 올 정치적인 것은 이미 미학화된 정치, 즉 거세된 정치에 지나지 않기 때문이다.

 이것이 바로 근래의 문학-정치 담론이 지닌 편향성이며, 이 소중한 논의가 공회전하는 이유라 할 수 있다. 문학-정치 담론이지만 참여자 전체가 사실상 문학 쪽에 편향된 담론의 소지자들이라는 것이다. 그래서 모든 담론은 문학주의 내의 다양한 동어반복일 뿐이다. 얼핏 보면 차이가 있어 보이지만 정밀하게 읽어보면 동일한 이야기를 반복하고 있을 뿐이다. 이제 중요한 것은 왜 이렇게 될 수밖에 없는 것인가 하는 점이다. 그것을 인식해야 이런 지적 낭비로부터 벗어날 수 있다. 그것은 바로 이들이 모두 미적 자율성의 패러다임 안에서 퍼즐 풀이를 하는 존재라는 데 있다. 미적 자율성의 기원을 탐구하지 않고는 이 문제를 해결할 수 없다. 추후에 고를 달리하여 이 문제를 '미적 자율성의 곤경'이라는 주제로 해결하고자 한다.

(『문학만』, 2010, 겨울)

시적 정치성의 세 가지 조건

1. 시에 있어서 정치성의 가능성

문학과 정치의 관계를 다루는 글은 대부분 소설에 초점을 맞추어 왔다. 시보다 소설이 갈래의 특성상 이런 문제를 다루는 데 편리하기 때문이다. 유종호가 어느 글에서 인용한 발레리의 다음과 같은 말이 그 근거가 될 것이다.

> 시의 세계는 본질적으로 폐쇄되어 있어 그 자체로서 완결되어 있으며 언어의 원망이나 우연의 순수한 조작임에 반하여, 소설의 세계는 가령 환상소설이라 할지라도 현실세계에 긴밀히 결부되어 있다.[1]

여기에서 말하는 현실은 유종호의 지적대로 "우리 인간들이 생활을 영위해나가는 구체적인 장소인 역사적 사회적 일상적인

---

1. 유종호, 「비순수의 선언」, 『비순수의 선언 — 유종호 전집 1』, 민음사, 1995, 60쪽.

현실"²을 가리킨다. 발레리는 시의 세계가 본질적으로 폐쇄성과 완결성을 지니고 있어 현실 세계와 결부되지 않는다고 하였다. 시의 갈래적 특징으로 볼 때 시의 사회성을 논하는 것은 부적절하다는 뜻이다. 바로 이런 사실 때문에 문학의 정치성을 논하는 글들이 대부분 서사문학에 치우쳐 있는 것이다. 엔첸스베르거가 "정통 문학사회학이 줄거리를 매개로 하여 하나의 소설이나 희곡의 핵심부 속으로 반쯤은 들어가 볼 수 있는 반면에 시는 처음부터 그러한 접근을 허용하지 않는다"³라고 한 것도 이 때문이다. 시는 오로지 언어 그 자체를 통해서만 그 핵심으로 갈 수 있는데, 외적 차원에서 정치의 문제를 다루는 문학사회학은 이런 통로를 마련하지 못 한다는 것이다. 다음 논의도 이와 유사하다.

미학적 구조나 장르적 특성을 감안해서 비평을 전개시킬 경우 문학의 정치 기능 우선주의는 필연적으로 약화될 수밖에 없다. (…) 문제는 장르적 특성에 대한 의식 없이 무차별적으로 모든 문학에서 정치적 기능을 강조할 때 산문과 달리 시는 결정적으로 그 본질이 훼손될 수밖에 없다는 사실이다. 문학의 정치적 기능 즉 이념 전달이나 선전 선동은 언어의 전달적 기능에 의해서만 가능한데 시는 이와 달리 언어의 존재론적 기능으로 존립하기 때문이다.⁴

---

2. 유종호, 위의 책, 60쪽.
3. H. M. 엔첸스베르거, 「시와 정치」, 정현종 외 편, 『시의 이해』, 민음사, 1983, 387쪽.
4. 오세영, 「한국의 근·현대시와 정치」, 『한국시학연구』 22, 한국시학회, 2008. 8, 23-24쪽.

시와 정치의 관계가 도식적으로 연계될 때, 시의 존립 기반인 '언어의 존재론적 기능'이 왜곡되어 결과적으로 시의 본질이 훼손될 수밖에 없다는 비판이다. 시와 정치에 대한 논의에서 시의 갈래적 특성과 시적 언어의 특수성을 고려하고 있다는 점에서 오세영과 엔첸스베르거의 논의는 유사하다.

과연 시에서 정치성을 말하는 것은 어려운 것인가. "시의 정치적 측면이 시 자체 속에 내재되어 있음"[5]을 믿는 엔첸스베르거의 입장에서 볼 때, 정치성이 뚜렷하게 드러나는 애국가류의 시는 시가 아니고 정치 삐라에 불과한 것이다. 시의 정치성이 시 자체에 내재되어 있다면 우리는 정치성을 어떻게 발견해야 할까. 그가 정통 문학사회학의 한계를 보여 주는 예로 든 다음 시를 가지고 이 문제를 생각해 보자.

> 나는 길가에 앉아 있고.
> 운전기사는 바퀴를 갈아 끼우고 있다.
> 내가 떠나온 곳을 나는 좋아하지 않는다.
> 내가 가야 할 곳을 나는 좋아하지 않는다.
> 바퀴 갈아 끼우는 것을
> 왜 나는 초조하게 바라보고 있는가?
>
> ─ 브레히트,「바퀴 갈아 끼우기」전문[6]

---

5. H. M. 엔첸스베르거, 위의 글, 385쪽.
6. 베르톨트 브레히트, 김광규 옮김,『살아남은 자의 슬픔』, 한마당, 1991, 140쪽.

이 시의 해설에 따르면, 이 작품은 브레히트가 공산주의에 일말의 희망을 품고 동독으로 가서 쓴 것이다. 그러나 1953년에 동베를린에서 인민 봉기가 일어나 동독 정부가 억압 조치를 취하자 그는 이를 비판하기 위해 이 시를 썼다고 한다. 그렇다면 바퀴 갈아 끼우는 것은 인민 봉기를 통해 정부를 갈아치우는 행위를 의미한다.[7] 그러나 이 시의 표면에는 그 어떤 사회적·정치적 단서도 없다. 바로 이 때문에 엔첸스베르거는 다음과 같이 말한다.

> 조국에 대해서도, 정체(政體)에 대해서도 더 이상 얘기되고 있지는 않은 여섯 행, 이데올로기적 혹평가들의 흥분도 이 여섯 행 앞에서는 멈추어 버리고 만다. 그들 역시 '바퀴 갈기'를 초조하게 바라보고 있다. (…) 만약 정치가 인간들이 역사 속에서 스스로 만들어내는 사회 제도에의 관여를 의미하는 것이라면, 「바퀴 갈아 끼우기」는 언급할 만한 모든 시와 마찬가지로 정치적 성격을 갖는다. 만약 권력을 갖고 있는 자들의 목적을 위해 그 권력을 사용하는 것을 정치라고 한다면, 브레히트의 텍스트, 즉 시는 정치와는 아무런 관계도 없다. 이 시는 정치가 그것을 마음대로 할 수 없다는 것을 모범적으로 말해 주고 있으니, 그 점이 이 시의 정치적 내용인 것이다.[8]

시의 정치성을 정치의 성격으로 미루고 있는 이 논의는, 시와 정치의 직접적인 관계를 논하는 '이데올로기적 혹평가들'을 비판하고 있다. 시와 정치의 관계를 외면적으로만 파악하는 속류

---

7. 베르톨트 브레히트, 위의 책, 159쪽.
8. H. M. 엔첸스베르거, 앞의 책, 390쪽.

사회주의자들의 주장에 따르면 브레히트의 시는 정치시가 아니다. 바로 이 지점에서 그들 주장의 핵심이 흔들리고, 따라서 그들이 초조해진다는 것이다. 그렇다면 엔첸스베르거는 이 시를 정치시라 보는 것일까. 그는 명쾌하게 밝히고 있지 않다. "명백하고 직선적인 명제들을 가지고는 이 애매한 테마를 완전하게 논의할 수 없다"[9]라는 사실만 확인하고 있기 때문이다.

작품 자체만을 볼 때, 브레히트의 작품이 사회적·정치적 현실을 담고 있다고 할 수 없다. 작품의 배경과 창작 의도를 알지 못할 경우, 우리는 이 작품을 정치와 연계시킬 수 없다. 따라서 이 작품은 정치적 현실이 배제된 시, 즉 여행 중의 에피소드를 다룬 시로 읽힐 것이다. 그럴 경우 이 시는 잘된 작품이라 하기 어렵다. 이 시의 생명은 사회적·정치적 현실을 시적 의장을 통해 간결하게 제시한 데 있기 때문이다. 바로 이런 점 때문에 시의 정치성이 적극적으로 개진되기 힘든 것이다.

엔첸스베르거처럼 시에서 정치성을 간접적으로 암시적으로 다루는 논의는 한계가 많다. 그렇게 되면 모든 시는 정치시가 된다. 그러나 이럴 경우 시의 정치성은 독립적으로 다룰 문제가 전혀 아니게 된다. 모든 시 속에 이미 정치성이 내재해 있는 것이라면 정치성을 달리 말할 필요가 없을 것이다. 근래 문학/정치 담론의 한계도 여기에 있다.

우리가 시와 관련해서 정치성을 말하는 것은, 시에서 그것이 저절로 내재된 어떤 것, 즉 시 자체에 육화된 것으로 보는 데 선

---

9. H. M. 엔첸스베르거, 위의 책, 391쪽.

뜻 동의할 수 없기 때문이다. 또한 시의 정치성을 특수한 어떤 것으로 다루는 것도 금물이다. 그렇게 되면 시의 정치성은 소설이나 희곡의 정치성과 전혀 이질적인 것으로 고립된다. 이 고립된 '시만의 정치성'은 진정한 의미의 정치성이 아니다. 갈래상의 특징에 따라 내용이 달라지는 정치성은 존재 가치가 없다. 시와 산문에 공통된 정치성, 보편적 정치성을 말해야 시의 정치성도 가치를 지닌다.

2. 시적 정치성의 세 가지 조건

다른 문학 갈래와 마찬가지로 시도 정치성을 지닌다. 그리고 그 정치성은 다른 갈래의 정치성과 하등 다를 바 없다. 그렇다면 이때 시는 어떤 방식으로 정치성을 표현하는가가 관건이 된다. 이때 바우라가 정치시를 다음과 같이 정의한 것이 우리 논의에 도움이 된다.

> 정치시의 본질은 다수의 인간과 관계가 있고, 즉각적이고 개인적인 체험으로서가 아니라 주로 풍문에 의해 알려지고 간략하면서도 종종 추상적인 형식으로 표현된 일들로서 파악되는 그러한 사건을 다루는 데 있다. (…) 정치적 시인은 상상적인 과거를 구축하는 것이 아니라 거대한 현재를 붙들고 이것을 해석하려 든다.[10]

---

10. C. M. 바우라, 김남일 역, 『시와 정치』, 전예원, 1983, 15-16쪽.

이 정의에는 시의 정치성의 중요한 두 가지 조건이 나타나 있다. 하나는 정치성의 대상이 '다수의 인간과 관계가 있는 현실적인 사건,' '공동체적 사건'이라는 점이다. 이 사건이 구체적 역사적 사실이 아니라 추상적인 것이라는 말은 설명이 필요하다. 고대 그리스 시인들은 정치시를 쓸 때 "견해와 흥미를 같이 하는 대중을 위해 쓰여진다는 시인의 확신"을 가지고 있었다. 그것은 그들이 "모든 시련과 모든 논의, 모든 고난을 함께 나누는 작은 도시국가에 속했기 때문"이다. 그런데 광대한 국가의 일원으로서의 현대의 시인은 자신의 국가를 추상적으로 파악할 수밖에 없다. 당연히 사건도 자신이 직접 보고 겪은 것이기보다는 남에게서 들은 것이거나 매스컴을 통해 얻은 것이다. 그래서 사건을 추상적이라고 본 것이다. 그러나 앞에서 다룬 정치적인 것의 성격이 모두 이렇다는 점을 감안하면 우리는 이것을 "구체적 역사적 현실"로서의 사회적·정치적 현실이라 할 수 있다. 여기에서 시의 정치성은 공동체적 감각을 지닌 구체적 역사적 현실을 다루어야 한다는 점을 알 수 있다. 이때 사건은 모든 현상을 포괄하는 말이다.
　다른 하나는 정치성의 내용은 현재에 대한 해석이라는 것이다. 시의 정치성은 현재의 문제에 집요하게 시선을 고정시키고 자신의 해석을 기입해야 한다. 따라서 과거의 문제를 상상적으로 다루는 것은 정치성의 본질과 거리가 있다고 할 수 있다. 물론 그것도 깊이 따지면 현실의 정치적 감각에서 비롯된 것일 수 있지만, 그것은 정치성의 바람직한 형식은 아니다. 시의 정치성은 철저하게 현실의 문제에 대한 해석이어야 한다. 그리고 이 해석은 표현으로 나타나기도 하고, 소재 선택 자체에 포함되기도 한다.
그리고 여기에 정치성의 세 번째 조건을 덧붙일 필요가 있다. 그것은 정치성의 표현 방식, 즉 정치적 의도의 명시성을 말한다. 사실상 이것이 가장 중요한 조건이라 할 수 있다. 이를 바탕으로 다른 조건들이 손쉽게 성립하기 때문이다. 시의 정치성은 정치적 의도가 명시적으로 드러날 때 인정될 수 있다. 이 명시성은 내용상, 발표 상황상의 명시성을 모두 포괄한다. 앞에서 다룬 브레히트의 시는 그 당시의 모든 사람들에게 정치적 의도를 명시적으로 보여 주었다는 점에서 아무 유보 없이 정치시라 할 수 있다. 시 자체에 구체적인 표현이 없지만 발표 상황(인민 봉기 직후)이나 사회 비판적인 시를 발표해 온 바 있는 개인적 이력이 정치적 의도의 명시성을 확보해 준다. 정치가 시적 형식 속에 내재해 있다는 관점에 설 경우 이런 외적 요소들이 너무 쉽게 무시되어 버린다. 그래서 시와 정치의 관계를 모호하게 만드는 것이다.

지금까지 자세하게 다룬 시의 정치성의 조건을 기준으로 볼 때, "반정치의 정치"[11]를 수행하는 '부정적인 정치 의식의 반영시'라는 개념은 재검토되어야 할 것이다. 이것은 박목월의 「청노루」와 같은 시도 정치적 성격을 지닌다는 것을 의미하는 개념이다. 시인이 의도적으로 정치의식을 배제한 작품도 역시 정치의 영역에 속한다는 것, 다시 말하면 "정치의 영향, 정치에의 구속 아래서만 그 해석이 가능하다"[12]는 것이다.

그러나 이런 "반정치의 정치"를 수행하고 있는 시는 엄밀하

---

11. 오세영, 앞의 글, 19쪽.
12. 오세영, 위의 글, 18쪽.

게 말해서 정치성을 지니고 있다고 보기 힘들다. 「청노루」와 같은 작품은 먼저, 정치성의 대상으로서 '다수의 인간과 관계가 있는 현실적인 사건'을 다루지 않고 있다. 산수화와 같은 비현실적이고 환상적인 자연이 그 대상일 뿐이다. 이 대상의 보이지 않는 이면, 혹은 대칭축의 반대편을 이 시에서 읽는 것은 과도한 혹은 과장된 독서일 뿐이다.

둘째, 정치성의 내용으로서 현재에 대한 해석 역시 불투명하다. 이미 현실은 이 작품의 보이지 않은 대칭축의 반대편에 존재하기 때문에 그에 대한 해석은 이 작품에 존재하지 않는다. 이 작품에 나타난 것은 평화로움, 환상성이다. 이 장면의 대칭면으로서 "불안하고 바라진" 현실을 염두에 두고 이 작품에서 현재에 대한 해석을 읽어 내는 것은 정치성의 내재화의 부자연스러운 독법일 뿐이다.

셋째, 정치성의 표현 방식에 있어서 정치적 의도를 명시적으로 드러내지 못 하고 있다. 오로지 명시적으로 드러나는 것은 자작시 해설에 밝힌 의도뿐이다. 그러나 그런 의도로 이 작품의 정치성이 확보될 수는 없다. 작품 발표 훨씬 이후에 발표된 의도의 진실성 여부도 확인할 수 없거니와, 대부분의 이런 의도 표명은 소급적 의미 부여에 불과한 경우가 많기 때문이다.

최소한의 정치적 의미를 부여하자면, 이 작품이 억압적인 사회적·정치적 현실 속에 고통 받는 사람들에게 다소 감성적 위안을 주었다는 사실일 것이다. 그것이 지닌 의미를 결코 과소평가할 수 없다. 그러나 그것을 이 작품의 정치성이라 불러서는 안 된다. 사회·정치의 구체적인 국면에서 작용하는 정치성만이 진정한 정치성이기 때문이다.

우리가 정치성을 다룰 때 주의해야 할 점이 있다. 정치성은 시가 지향하는 여러 가치 혹은 특성 중의 하나일 뿐이다. 이것이 가치판단의 절대적인 기준이 될 수는 없다. 정치성이 드러났다고 해서 더 좋은 작품일 수도 없을 뿐만 아니라, 정치성이 드러나지 않았다고 해서 나쁜 작품일 수도 없다. 「청노루」는 정치성을 드러내지 않지만 좋은 작품임에는 틀림없다. 시가 지향하는 미학성의 가치를 획득하고 있기 때문이다. 정치성의 잣대로 이 작품의 한계를 지적하는 것은 오로지 그 잣대를 기준으로 할 때일 뿐이다.

이런 기준이라면 신경림의 시는 미학성의 기준에 더 적합하다. 시집 『농무』는 정치성이 미학성에 흡수되어 정치적 파괴력이 소멸한 상태에 가깝다. 공동체적 사건보다는 개인적 서정에 초점이 가 있으며, 현재에 대한 해석보다는 일종의 관조로 기울어져 있으며, 따라서 정치적 의도는 미적 의장에 자리를 내주어 버린 것이다. 그래서 박노해나 김남주의 시가 지닌 정치적 위력을 신경림의 시에서 기대하는 것은 불가능하다. 이것은 정치성을 현실적 응전력의 문제로 보지 않고 미학성의 차원에서 접근한 창비 계열의 작품이 지닌 전형적인 한계이다. 박노해의 시집이 창비가 아니라 풀빛출판사에서 간행된 것이 이 한계를 극명하게 보여주는 증거가 된다. 정치성이 서정성이나 미학성에 의존할수록 자신의 존재 기반을 소멸시키게 된다는 사실을 기억하여야 한다.

3. 최근 시적 정치성의 가능성

 최근 문학-정치 담론이 지속적으로 제기되면서 현실에 대한 시인들의 관심도 꽤 높아졌다. 그러나 시적 정치성이 지닌 명시성에 대한 거리감을 극복하지 못한 시들이 대부분이다. 바로 이런 문제 때문에 촛불 시위에 대하여 쓴 자신의 시를 아무도 이해하지 못하더라는 어느 젊은 시인의 푸념도 들리는 것이다. 이런 푸념이 독자의 무지 때문에 생기는 것이 아니라는 사실을 직시해야 한다. 정치적 의도를 미적 형상화 아래 둔 자신의 시적 경향을 개괄하지 못 하는 한 이런 푸념은 계속될 것이다.
 그러나 최근의 여러 시가 정치성의 차원에 성공적으로 도달하고 있다는 사실은 반가운 일이 아닐 수 없다. 이미 80년대에 시적 정치성에 안착한 바 있는 하종오, 백무산 시인의 작품들이 최근에도 그 빛을 새롭게 발하고 있다는 사실은 경이로운 일이 아닐 수 없다. 하종오 시인은 다문화주의의 본질을 따뜻한 시선으로 통찰하는 시들을 발표하여 새로운 시야를 확보하였으며, 백무산 시인은 현실을 보는 긴장된 시선을 더욱 풍요롭게 만든 경우로 주목할 만하다. 하종오 시인이 최근에 발표한 소시집 특집이 시적 정치성의 좋은 예를 보여 주고 있다. 「저항시의 시효가 끝나고, 서정시의 시효가 끝나고」는 정치시에 대한 메타적인 성찰을 보여 주고, 「어느 월북시인을 생각함」은 시인과 권력의 문제를 깊이 생각하게 만든다.

 그 시인이 자진해서 북한으로 갔다는 행적을 알았을 때

다른 국가를 찾으려고 한 이유를 알려고
그이의 시집 복사본을 구해 읽었다

그 시인이 북한에서 권력자를 칭송하는 시를 썼다는 행적을 알았
을 때
사상에 짓눌렸거나 목숨을 부지하기 위해서 한 행위로 보여
그이의 시집 복사본을 덮었다 (중략)

그 시인이 북한에서 강제수용소에 끌려가 죽었다는 사실마저 알았
을 때
아무리 다른 국가를 찾으려 했다 해도
시인과 권력자는 함께해선 안 되었다고 중얼거리며
그이의 시집 복사본을 다시 읽어보기 위해 책장을 뒤적거렸다
 지금 북한시인들 중엔 이제 남한에서 자진해서 간 시인이 남아 있
지 않을 것이다.
— 하종오, 「어느 월북시인을 생각함」 부분(『애지』, 2010, 겨울)

 하종오 시인이 기존의 문법을 익숙한 수준에서 변주하며 새로움을 보여 주는 데 비하여, 전혀 새로운 문법으로 시적 정치성을 다루는 시인들이 있다. 김이듬과 서안나가 대표적이다.

 저 여자, 어제도, 한 달 전에도, 삼사 년 전 봄, 내가 처음 이 고장에 내려 어리둥절할 때도 저기 있었어요. 구름이 퍼져가는 강물을 보다가 저 여자가 내게 물었죠. 장어 국은 맛있었는지, 얼마나 싱싱한 물

건을 쓰는지 아냐며 펄떡거리는 장어 대가리를 쥐고 대못에 꽂는 흉
내를 냈죠. 나도 팔을 비틀며 웃었어요. 이 촌 구석엔 뭐 하러 왔는지,
어디서 일할 건지, 언제 돌아갈 건지, 여기서 일해 볼 생각은 없냐고
도 물었죠. 난 곧 떠날 거라며 웃지 않고 대답했죠. 또 뭐랬더라? 사
실 돈도 안 되고 손님들은 짓궂으며 길에 매연은 또 어떻고 주인 성
질은 얼마나 더러운지 투덜거렸죠. 진짜로 자기는 자신이 왜 이 일을
하고 있는지 모르겠다며 며칠 내로 때려치울 거라고 했죠.

그런데 당신,
여기에 왜 왔어요?
뭘 좇아 여기까지 왔나요?
부름을 받았다고요?
장기 근속상을 받아 뭐하게요?
누굴 위해 복무하나요? 고용주 간수 아니 집행자 얼굴을 본 적 있
어요?

— 김이듬, 「종업원」 부분(『문학청춘』, 2010, 겨울)

이 시는 장어구이 가게 종업원으로 일하며 호객 행위를 하는
한 여자를 통해 일상화되고 내면화된 정치적 예속을 고발하고
있다. "진짜로 자기는 자신이 왜 이 일을 하고 있는지 모르겠다
며 며칠 내로 때려치울 거라고" 하면서도 결국 몇 년째 떠나지
못하는 이 여자는 일상의 억압을 내면화한 존재이다. 이런 존재
에 대한 묘사와 평가가 이어지다가, 마지막 연에서 정체불명의
화자가 갑자기 "고용주 간수 아니 집행자 얼굴을 본 적 있어요?"

하고 물을 때 우리는 섬뜩함을 느끼지 않을 수 없다. 일상적이고도 태연한 듯한 요설, 문맥의 급격한 전환이 이 섬뜩함을 더욱 극적으로 만든다. 이 섬뜩함은 일상이 정치적 층위에 맞닿아 있음을 이 시인만의 문법으로 폭로한 데서 오는 것이다.

> 구령에 맞춰 국민체조를 했고
> 체조의 열 번째 항목은 몸통운동의 노젓기였다
> 우리는 친절한 세상으로 나아가는 법을 배웠다
>
> 매달 15일이면 민방공훈련을 받았고
> 공산당 얼굴에 뿔을 그렸다
> 공포는 얼굴로 드러났다
>
> 대통령의 서거 소식이 호외로 뿌려졌다
> 사이렌 소리에 맞춰 70년대식으로 묵념을 했다
> 선생님들이 아이들의 고개를 꾹꾹 눌렀다
> 눈물을 흘리는 아이들이 몇 있었고
> 눈물이 나지 않는 아이들은 죄의식에 시달려야 했다
> 눈물은 가장 솔직한 문장이었다
> 학교가 끝나면 우리는 아이들이 되어 흩어졌다
> ― 서안나, 「신성한 교실」 부분(『시안』, 2010, 겨울)

서안나 시인이 문맥을 토막 내어 슬쩍 현실을 건드릴 때 시적 정치성의 차원은 민감하게 활성화된다. 학교로 상징되는 공간은 부정적인 권위가 절대성을 갖게 되는 신성한 공간이다. 이 속에서 파시즘적인 국가 질서가 제련되어 국민이 지불해야 할 죄의식을 양산한다. 이 시의 마지막 구절에서 오는 안도감이 더 큰 절망감을 불러오는 것은 중간 중간에 끼어든 격언적인 경구들("공포는 얼굴로 드러났다," "눈물은 가장 솔직한 문장이었다")이 해석이 완료되지 않은 채 흩어져 버렸기 때문이다. 고전적이면서 모던한 시적 경영이 정치성을 극대화하고 있는 작품이라 할 수 있다.

유사한 소재를 다루고 있는 박순원의 「마스게임」도 자신의 서정적 개입을 적극적으로 제어하며 정치성의 차원을 새롭게 개척하고 있다. 설명의 고의적 누락으로 생성되고 더욱 강화되는 정치성을 보여 준다.

내가 중학교 삼학년 때 청주에서 소년체전이 열렸다 우리는 마스게임을 준비했다 연합고사고 나발이고 하루에 세 시간 네 시간 임박해서는 반나절씩 일주일 앞두고는 수업을 전폐하고 하루종일 연습했다 주제는/충효였다 (중략)

행사당일/경비가 삼엄했다 어른들은 마스게임보다도 절도 있고 철통같은 군인들 경찰들 얘기를 더 많이 했다 행사는 휙 지나갔다 그때 청주를 휙 지나간 대통령은 그해 가을에 죽었다 몸이 불편한 친구들은

마스게임에 참여하지 못했는데 멀쩡한 친구들 중에서도 친구들 가방을 지킨다고 한 반에 한두 명씩은 빠진 친구들이 있었다

— 박순원, 「마스게임」 부분(『시현실』, 2010, 겨울)

이 시의 초점은 마스(매스)게임이 아니라 소년체전을 참관하고 휙 지나간 대통령이지만, 이 시에서 그 이야기는 휙 지나가 버리고 만다. 그럼에도 그 대통령이 이 시의 모든 공간에 삼엄한 표정으로 자리를 차지하고 있다. 마치 활자들을 배치하여 하나의 인물을 그리고 있는 것처럼. 이런 의도를 아무렇지도 않은 듯 보여주는 이 능청한 문법이 이전의 시와 다른 맛을 준다.

가장 고무적인 일은 이번 경향신문 신춘문예로 등단한 신인에게서 정치성의 새로운 가능성을 확인한 것이다. 『현대시학』 2월호에 실린 정창준의 당선작(「아버지의 발화점」)과 두 편의 응모작(「대형마트의 사회학」, 「서점의 사회학」)은 그의 가능성을 기대하게 하는 데 충분하다. 등단작 한 편만을 보면 등단지의 성격에 맞게 자신의 시를 조율한 것은 아닌가 하는 의구심을 갖게 될 수도 있다. 그러나 다른 작품을 볼 때 이런 의구심은 깨끗하게 사라진다.

왕들은 그들의 동네 슈퍼나 철물점에서 이웃이 되는 대신 이곳에 와서 왕이 되었다. 그들은 예전과 달리 날것 대신 가공품을 사냥한다. 언제부터 왕들이 이렇게 많아졌는지, 손님은 왕이다라는 말의 유통기한이 언제까지인지는 아무도 모른다. 그러나 어쩌면 긴 계산서를 받아들고 고개를 갸웃거리거나 한숨을 쉬는 저들은 왕이 아닌지도 모른다.

우리에게서 웃음이 사라질 때는 이곳을 그만둘 때뿐이다. 우리가 밀려나는 데는 선입선출(先入先出)의 원칙 따윈 없다. 우리의 이웃 중 누군가가 이곳에 와서 웃음을 대신할 것이다. 왕들은 우리를 본 적이 없으므로 우리의 교체를 눈치채지 못한다. 분명한 것은 그들 중 누군가가 이 자리를 대신한다는 것이다.

— 정창준, 「대형마트의 사회학」 부분(『현대시학』, 2011. 2월)

  이 시는 앞에서 다룬 김이듬의 통찰로 연계된다. 통제의 메커니즘 속에 길든 인간이 자율적으로 구성하는 통제의 메커니즘, 이 악순환이 전혀 서두르지 않은 묘사에 끔찍하게 포착되어 있다. 친근하지만 절대 다루기 쉽지 않은 소재를 포획하고 그것을 자신의 발성법으로 전달하는 능력이 돋보인다.
  최근에 이런 새로운 문법이 시적 정치성의 깊이와 넓이를 더욱 주목할 만하게 만들고 있다. 수년간의 문학-정치 담론이 이제 결실을 맺는 것인가 하는 생각도 하게 만든다. 그리고 이런 흐름이 1980년대의 높은 목소리가 아니라 정치적 명시성을 지닌 채 내면의 목소리와 직접 만나고 있다는 점에서 한 단계 더 나아갔다고 할 수 있다. 다만 이것이 단기간의 흐름으로 끝날 것인지 더 높은 차원을 개척할 것인지 아직은 지켜봐야 할 일이다. 그러나 조용한 관조가 아니라 신뢰에 찬 시선으로 지켜봐야 할 것이다.

(『문학의 문학』, 2011, 봄)

미적 자율성의 곤경
항아리가 미술품이 되기까지

1

나는 지금까지 문학과 정치에 관한 꽤 여러 편의 글을 써 왔다. 그중 '문학-정치 담론'의 지형도를 살펴본 글에서, 이 담론의 생산자 대부분이 문학 쪽에 편향된 시각을 지닌 자들이라 대부분의 논의가 동어반복에 불과하다고 주장한 바 있다. 즉, 문학주의적인 입장에서 정치를 어설프게 포괄하고 있다는 것이다. 나는 이 글을 다음과 같이 마무리하였다.

이제 중요한 것은 왜 이렇게 될 수밖에 없는 것인가 하는 점이다. 그것을 인식해야 이런 지적 낭비로부터 벗어날 수 있다. 그것은 바로 이들이 모두 미적 자율성의 패러다임 안에서 퍼즐풀이를 하는 존재라는 데 있다. 미적 자율성의 기원을 탐구하지 않고는 이 문제를 해결할 수 없다. 추후에 고를 달리 하여 이 문제를 '미적 자율성의 곤

경'이라는 주제로 해결하고자 한다.[1]

그러나 여기에서 제시한 약속, 즉 근래의 문학과 정치의 관계를 다루는 '문학-정치 담론'이 사실상 문학만 제대로 하면 정치성은 저절로 획득된다는 안이한 낙관주의에 빠져 있는 근본적인 이유에 대해서 고를 달리해서 다루겠다는 약속을 지키지 못했다. 이제 비로소 여기에서 이 문제를 다루고자 한다.

2

이상의 「조춘점묘」라는 글 속에 '골동벽'이라는 소제목을 단 재미있는 글이 있다. 이상은 여기에서 골동품을 애지중지하는 세태를 비판하고 있다. "가령 신라나 고려 적 사람들이 밥상에다 콩나물도 좀 담고 또 장조림도 담고 또 약주도 좀 따르고 해서 조석으로 올려놓고 쓰던 식기 나부랭이가 분묘 등지에서 발굴되었다고 해서 떠들썩하나 대체 어쨌다는 일인지 알 수 없다."[2] 이렇게 시작하는 이 글은 조석으로 사용하는 생활용품인 식기가 미적 가치를 지닌 것으로 보는 데 대하여 불만을 토로하고 있다.

---

1. 박현수, 「문학-정치 담론의 지형도, 그리고 시의 문제」, 『문학만』, 2010, 겨울, 33쪽.
2. 이상, 「조춘점묘」, 『매일신보』, 1936. 3. 3-6; 『레몬향기를 맡고 싶소 — 이상 산문집』, 예옥, 2008, 149쪽.

그 핵심은 다음 구절에 있다.

> 항아리 나부랭이는 말할 것 없이 그 시대에 있어서 의식적으로 미술품으로 만들어진 것은 아니다. 간혹 꽤 미술적인 요소가 풍부히 섞인 것이 있기는 있으되 역시 여기(餘技) 정도요 하다못해 꽃을 꽂으려는 실용이라도 실용을 목적으로 된 것임에 틀림없다. 이것이 오랜 세월을 지하에 파묻혔다가 시대도 풍속도 영 딴판인 세상인(世上人) 눈에 띄니 우선 역설적으로 신기해서 얼른 보기에 교묘한 미술품 같아 보인다. 이것을 순수한 미술품으로 알고 왁자지껄들 하는 것은 가경(可驚)할 무지(無智)다.[3]

이상은 옛날 항아리는 미적 가치를 지니지 않는 것이라 단정한다. 그것은 "의식적으로 미술품으로 만들어진 것이 아니"기 때문이다. 여기에서 그가 제시하는 미적 가치의 기준은 미적 생산물을 만들고자 하는 의식적인 태도, 즉 미적 자의식에 있다. 자신이 만드는 생산물이 미적 대상이라는 의식을 가지고 있어야 미적 생산물, 즉 예술품이 될 수 있다는 것이다. 이런 기준에 따르면 옛날 항아리는 실용적인 목적으로 만든 물건일 뿐 "순수한 미술품"으로 볼 수는 없다는 결론이 나온다. "순수한 미술품"이란 미적 자의식이 100% 작용하여 생산된 '작품'만을 가리킨다. 그런 점에서 옛날 항아리에는 미적 자의식이 전혀 담겨 있지 않으며, 있다고 해도 '여기,' 즉 부차적 요소에 불과하기 때문에 예술

---

3. 이상, 위의 글, 150쪽.

품의 자격을 지니지 않는다는 것이다. 그렇다고 해서 이상이 이런 도자기의 가치를 무시한 것은 아니다. 그는 이런 도자기가 당대의 생활상을 알려 주는 역사적 역할을 한다는 점에서 그 가치를 인정한다. 즉, "어느 시대의 생활양식, 민속, 민속예술 등을 알고자 할 때" 그 가치를 지닌다는 것이다. 그러나 이상에게 있어서 이런 가치는 미적 가치와 판연하게 구분되어야 할 실용적 가치일 뿐이다.

그렇다면 지금 국보로도 지정되어 있는 백자대호, 일명 백자 달항아리 같은 것에서 느끼는 아름다움은 무엇일까. 그것도 이전에는 간장이나 된장 혹은 김치와 같은 음식물을 담는 실용적인 그릇일 뿐이지 않은가. 이상도 그런 도자기에서 아름다움을 느낀다는 것은 인정하고 있다. 그는 그런 아름다움을 민족의식과 관련된 것으로 본다. 즉, 고고학적 가치에 "겸하여 느끼는 아름다운 심정은 즉 선조에 대한 그윽한 향수에서 오는 것이 아닐까." 하는 것이 그의 생각이다. 우리가 지금 달항아리에서 느끼는 아름다움은 "선조에 대한 그윽한 향수"이지 미적 가치와 연계된 의식이 아니라는 말이다. 선조에 대한 향수가 만들어 내는 이 느낌은 아름다움이라는 미적 가치와는 거리가 있다는 인식이다. 그렇다면 달항아리에 대한 다음과 같은 평가는 어떻게 바라보아야 하는가.

아무런 장식도 고운 색깔도 아랑곳할 것 없이 오로지 흰색으로만 구워낸 백자 항아리의 흰 빛의 변화나 그 어리숭하게 둥근 맛 (…) 아주 일그러지지도 않았으며 더구나 둥그런 원을 그린 것도 아닌 어리숭하면서도 순진한 아름다움에 정이 간다 하면 혹시 심미에 대한 건강한 태도가 아니라고 할 사람이 있을지도 모르지만, 조선 자기의 아름다움은 계산을 초월한 이러한 설명이 필요하리만큼 신기롭고도 천연스러운 아름다움에 틀림없다.[4]

달항아리의 미적 가치에 대해 극찬을 하고 있는 이런 태도는 지금 우리에게 너무나 자연스러운 것이다. 그리고 이상이 살던 시기에도 어느 정도 인정되기 시작하던 태도이기도 하였다. 그러나 이상에 따르면 이것은 순수한 미적 가치와 무관한, "선조에 대한 그윽한 향수"에 기반한 가치 부여 행위일 뿐이다. 이상이 이처럼 실용품에서 미적 가치를 찾는 태도를 강력하게 부정하는 것은 어떤 근거에 의한 것일까? 그것이 바로 미적 자율성의 기원이다.

3

미, 혹은 예술이 다른 가치로부터 독립한 것은 근대의 일이다. 우리 문학에서는 그것의 기원을 이광수의 「문학이란 하오」에서 찾는다. 이광수는 이 글에서 문학은 지정의(知情意) 중에서 정(情)을 기반으로 하여 성립된 것이라 하고, 그 개념을 "문학이란 특

---

4. 최순우, 『무량수전 배흘림기둥에 기대서서』, 학고재, 1993, 283쪽.

정한 형식 하에 인(人)의 사상과 감정을 발표한 자를 위(謂)함"[5]이라 정의하였다. 이런 입장은 문학의 지위 획득을 지정의의 분화 과정 속에서 찾는 것이다. 문학의 성립은 곧 감정이 다른 것들로부터 독립하여 독자적인 지위를 획득한 데에 기인한다는 것이다. 이때의 지정의는 진선미(眞善美)라는 개념으로 대체할 수도 있다.

> 그리스 문화에서 진선미는 분열되지 않고 통일되어 있었고, 지식인 = 철학자는 이 모두를 구비한 인물이었던 것이다.
> 근대에 이르게 되면 형이상학적 지혜가 부정 당한다. 진은 과학을 담당하게 되고, 철학은 선에 주력하게 되고, 예술은 미를 담당하게 된다. 칸트는 이런 삼분법을 잘 보여준다. 순수이성, 실천이성, 판단력이라는 삼분법을 사용하여 과학적 지식 및 그것에 대한 인식론, 도덕적 지혜 그리고 심미적 능력을 인성의 세 부분으로 보았던 것이다.[6]

지정의, 혹은 진선미의 분화를 거쳐 문학이 자율적인 영역이 되었다는 이런 입장에서 볼 때 옛날 항아리는 역시 순수 예술품이 되기에는 부족할 것이다.

> 고대에도 이런 예술이 있는 것을 보건대, 아주 정(情)을 무시함이 아니었으나, 이는 순전히 정의 만족을 위함이라 하지 아니하고, 이에

---

5. 이광수, 「문학이란 하오」, 『매일신보』, 1916.11.10-23; 『이광수전집 1』, 삼중당, 1971, 547쪽.
6. 이정우, 『영혼론 입문』, 살림, 2003. 85쪽.

지적·도덕적·종교적 의의를 더하여, 즉 이들의 보조물로, 부속물로, 존재를 누리었거니와 약 500년 전 문예부흥이라는 인류 정신계의 대변동이 있은 이래로, 정에게 독립한 지위를 주어 지(知)나 의(意)와 평등한 대우를 하게 되었다.7

고대의 예술품은 미적 감정만이 독립적으로 존재하지 않았기에 순수한 예술품이라 할 수 없다는 이광수의 결론은 이상의 관점과 같다. 예술품이 그 자체로 독립적인 지위를 얻은 것은 서구의 르네상스 이후인 것이다. 예술이 스스로의 가치를 인식하고 과학과 종교로부터 독립하였을 때 비로소 순수한 예술품이 존재하기 시작한 것이다. 이 역시 예술에 있어서 미적 자의식의 가치를 인정하는 논의라 할 수 있다. 그러나 이광수의 문학은 이런 언급과 달리 감정의 자율성이 심하게 위축된 것이었다. 계몽 의식은 여전히 지(知)나 의(意)와 밀접한 관계를 지니고 있기 때문이다. 윤리성이 가득한 「무정」의 마지막 장면이 이를 증명한다. 그럼에도 기존의 문학보다는 자율성을 많이 확보한 셈이라 할 수는 있을 것이다.

문학의 독자성, 즉 미적 자율성의 문제는 이후 『폐허』, 『백조』와 같은 동인지 문학에서 중요하게 다루어졌지만, 이 역시 한계 내의 자율성이었다. 그런 잡지에 동반되는 수많은 민족주의적 논설들이 이런 상황을 잘 보여 준다. 그러나 이런 경향들이 파급되면서 문학이 문학 외적 요소들, 즉 과학이나 윤리(정치도 여기

---

7. 이광수, 앞의 책, 548쪽. 현행 맞춤법으로 수정함.

에 포함된다) 등과 무관하다는 인식이 확산되어 간 것은 틀림없는 사실이다. 그런데 감정(아름다움)이 과학과 결별하는 것은 쉬운 일이었으나 윤리(정치)와 결별하는 것은 쉽지 않았다. 오히려 카프 문학에서는 강화되어 갔다.

> 일본에 있어서는 평림초지보(平林初之補)의 '외재적 비평, 내재적 비평'이라는 말로 표현되고, 조선에 있어서도 박영희, 김기진 씨 등의 여차한 언어로 표현되었고, 1927년경에 있어서는 To Do(선동선전)의 문학, To Be(예술적 가치)의 문학이라는 말로 제의되었다. 이러한 이원론적 견해에 대한 논박은 예맹본부와 동경지부 간의 논쟁으로 되어 그후 1930년대에 이르러 문학과 정치 관계에 관한 일원론적 이론(즉 정치의 문학상에 있어서의 우월성이라는 것)이 확립되었다.[8]

카프 문학의 그간의 과정을 요약하고 있는 이 글은 1930년대 중반에 본격적으로 등장한 이념의 이완성이 농후한 문학적 경향, 즉 미적 자율성을 강조하는 미학주의가 등장한 데 대한 우려에 기반하고 있다. 그것은 바로 모더니즘 문학이다. 이때 모더니즘 문학의 이론 분자는 김기림이었다. 김기림은 바람직한 시에 대해 다음과 같이 말하고 있다.

> 우리 시단은 결정적인 「센티멘탈」한 이 종류의 너무나 소박한 시가의 홍수로써 일찌기 범람하고 있었다. 나는 그것들을 일괄하여 자

---

8. 김두용, 「조선문학의 평론확립의 문제」, 『신동아』, 1936. 4.

연발생적인 시가라고 명명하고자 한다. (…) 시인은 시를 제작하는 것을 의식하지 않으면 아니 된다. 사람들은 그것을 주지적 태도로 불러왔다. (…) 자연발생적인 시는 한개의 「자인(存在)」이다. 그와 반대로 주지적 시는 「졸렌(當爲)」의 세계다.[9]

상당히 세련된 논의를 보여 준 김기림은 미적 자율성을 어느 정도 획득한 단계에 놓인 문학으로부터 모더니즘 문학을 재차 독립시키고자 시도하였다. 그래서 기존의 시를 자연발생적인 '자인'의 시라 하고, 모더니즘 시를 주지적 태도에 의해 만들어지는 '졸렌'의 시라 변별하였던 것이다. 이런 입장은 진정한 미적 자의식을 가진 문학은 모더니즘 문학이라는 말이다. 이런 관점에서 볼 때, 우리나라에서 미적 자율성의 완성은 모더니즘 문학에 있다고 할 수 있다.

이런 모더니즘적인 절대적 기준으로 볼 때, 옛날 항아리는 미적 자의식 없이 만들어진 것이므로 '순수한 미술품'이 될 수 없다. 이것은 김기림이 말한바 '자인'도 아니고, '졸렌'도 아니다. 예술이 있은 후에야 '자인'도 '졸렌'도 존재하기 때문이다. 옛날 항아리는 예술품이 아니라 실용품이기에 이런 범주와는 무관하다. 이런 항아리가 하나의 미술품이 된 것은 순전히 우연이다. 즉, "이것이 오랜 세월을 지하에 파묻혔다가 시대도 풍속도 영 딴판인 세상인(世上人)," 즉 미적 자율성이 하나의 제도로서 굳어진 세상인의 눈에 띄었기 때문이다. 그래서 제도화된 미술관에

---

9. 김기림, 「시작에 있어서의 주지적 태도」, 『신동아』, 1933. 4; 『김기림전집 2』, 심설당, 1988, 77쪽.

보관되어 예술품의 대접을 받는 것일 뿐이다.

4

 앞에서 살펴본 바와 같이 우리 근대문학의 역사는 미적 자율성 확보의 역사였다. 이미 근대문학 자체가 그런 미적 자율성의 패러다임 내에서만 존재 가능한 것이었기에 이런 역사적 흐름은 당연한 것이었다. 근대의 여러 문학 관련 제도도 이에 기반하고 있다. 현재 중고등학교의 문학 교과서가 독립적인 영역으로 설정된 것도, 대학에서 국어국문학과가 성립된 것도, 신춘문예라는 제도가 실시된 것도, 이런 제도로부터 문학 지망자가 꾸준하게 탄생하는 것도 이런 역사적 흐름과 무관할 수 없다. 우리는 이미 미적 자율성의 패러다임 속에서 모든 사유를 하게 된 것이다. 그래서 다음과 같은 반론도 사실상 같은 범주 내에서의 차이일 뿐이다.

 일전 어느 신문에선가 이동주 시인은 시 월평에서 「사도행전」(박두진)을 다루면서 '현실참여는 행동으로 하고, 시는 순수시를 써야 한다'는 그 시인 나름의 지론을 써놓은 대문을 읽었는데, 「사도행전」은 바로 시인 박두진의 행동이 아니고 무엇일까? 시인에 있어서의 행동이란 바로 작품 활동을 하는 것이라고 나는 생각한다. 순수 서정시를 쓰건 참여시를 쓰건, 그것은 그 시인의 가장 구체화된 행동임에 틀림

없다.[10]

'현실참여는 행동으로 하고, 시는 순수시를 써야 한다'는 이동주 시인의 입장은 전적으로 미적 자율성의 가치를 승인하는 쪽이다. 문학작품은 행동으로부터도 독립된 것이지만, 정치로부터도 독립된 것이기 때문이다. 신석정 시인의 입장은 이런 분리를 부정하는 쪽이지만, 시를 행동으로 확장시키고 있다는 점에서 기본적으로 미적 자율성으로부터 벗어나지 않고 있다. 시의 독자성을 여전히 존중하고 있기 때문이다. 시가 행동이라면 시 자체의 존재 의미는 부정되어야 마땅하지만, 전체 논의에서 시적 가치는 여전히 존중되고 있다.

이는 김수영이 "현실참여니 사회참여니 하는 문제가 시를 제작하는 사람의 의식에 오른 지 오래이고, 그런 경향에서 노력하는 사람들의 수도 적지 않았는데 이런 경향의 작품이 작품으로서 갖추어야 할 최소한도의 예술성의 보증이 약했다는 것이 커다란 약점이며 숙제"[11]라고 말할 때에도 마찬가지로 나타난다. 현실참여니 사회참여니 하는 정치적인 요소에 대해 긍정하면서도, '최소한도의 예술성'을 언급하지 않을 수 없는 것이 바로 미적 자율성의 강력한 자장을 말해 주는 증거가 아닐 수 없다. 문학에서 예술성을 언급한다는 것은 미적 자율성의 존재를 인정한다는 의미이다. 그럼에도 정치적 요소를 강조하는 것은 이런 패

---

10. 신석정, 「시정신과 참여의 방향」, 『문학사상』, 1972. 10.
11. 김수영, 「제정신을 갖고 사는 사람은 없는가」, 『김수영전집 2 산문』, 민음사, 2003, 184쪽.

러다임 내에서는 일종의 모순이 아닐 수 없다. 미적 자율성의 곤경이 바로 여기에 있다.

근대의 문학 자체가 미적 자율성의 패러다임 안에서 발생한 제도라는 점에서 미적 자율성을 부정하는 문학 논의는 자기모순적일 수밖에 없다. 이 모순을 좀 줄여 보자는 것이 랑시에르의 방식이다. 그는 문학의 자율성을 해치지 않는 범위에서 정치를 흡입할 수 있도록 정치의 함의를 변형시켰던 것이다. 그래서 기형적인 결론에 도달하였고, 이를 이어받은 우리 문학-정치 담론은 문학만 열심히 해도 정치가 획득된다는 기괴한 논리를 개발한 것이다. 그러나 문학-정치 담론이 제 궤도에 오르려면 미적 자율성이라는 개념을 거부해야 한다. 그 극단이 카프에서 문학작품은 하나의 선전 삐라가 되어도 좋다고까지 한 선언일 것이다. 이것은 문학의 완전한 소멸이라는 점에서 전혀 바람직한 해결책이 될 수 없다.

결국은 지정의가 합쳐진 시대를 상상할 수밖에 없다. 즉, 이광수 이전으로 돌아가서 문학의 개념을 다시 정립하는 일이다. 그러나 그것은 미적 자율성이라는 지평을 인식한 이후의 새로운 문학이다. 아마도 한용운의 문학관이 하나의 예가 될 수도 있을 것이다.

 문학이라는 것은 문자로 구성된 모든 것을 이름이다. 문자를 연결 혹은 나열하더라도, 의의를 구성하지 못하고 한갓 단자(單字)만을 함부로 집합한 것은 무론 문학이 아니나, 모든 사물이 언어로 할 수 있는 과정을 거쳐서 문자로 표현되는 것, 곧 자기의 무엇이든지를 문자로 나타내어서 독자가 이해할 수 있게 하는 것은 다 문학이다. (…) 그리하여 문예는 문학이지마는 문학은 문예만이 아니다.¹²

이 글에서 한용운은 문학과 문예를 다른 범주로 본다. 문학은 '문자로 구성된 모든 것'으로서 의사소통을 위해 언어적 표현으로 기록된 모든 형태의 글을 가리킨다. 이는 정치적 견해나 해결책을 제시한 표(表), 책(策), 논(論) 등을 문학적 범주로 다룬 전통적인 사유의 연장선상에 있다. 반면 문예는 시, 소설, 희곡, 평론 등을 포함하는 것으로 근대적 의미의 좁은 범주를 가리킨다. 한용운은 좁은 범주의 문예를 부정하고, 문예를 포함한 상위 범주로서의 문학을 옹호한다. 미적 자율성의 영역에 든 문예를 꺼안은 문학 개념이다.

지금까지의 논의가 도달할 결론은 새로운 것이 아니다. 김상봉에 의해 이미 나온 바 있기 때문이다. 그것을 제시하면서 문학-정치 담론을 마무리하고자 한다. 다만 이 논의가 어떤 방식으로 구체화될 것인가는 여전히 논의되어야 할 문제이다.

> 오직 예술이 삶 전체를 규정하는 원리가 될 때, 다시 말해 그것이 현실 전체를 인도하는 원리가 될 때에만, 예술은 진정으로 자율적일 수 있다는 것입니다. 그때 예술은 현실을 능동적으로 형성하는 원리로서 현실의 주인, 세계의 주인이 됩니다. 오직 이런 주인됨 속에서만 예술의 자율성은 현실적으로 실현될 수 있습니다. (…) 예술이 자율

---

12. 한용운, 「문예소언」, 『한용운전집1』, 불교문화연구원, 2006, 196쪽.

적이기를 원한다면 그것은 자기의 성이 아니라 세계 전체를 미적 원리에 따라 형성하지 않으면 안 됩니다. 그러니까 예술의 힘에 의해 세계가 아름다워지면 질수록 예술은 더욱 더 자율적이게 되는 것입니다.[13]

(『푸른시』, 2012. 12)

---

13. 김상봉, 『그리스 비극에 대한 편지』, 한길사, 2003, 177쪽.

시적 논리와 파시즘의 논리

1. 파시즘 문학에 대한 직시[1]

시의 본질상 파시즘의 논리는 시의 논리와 마주칠 수 있는 가능성이 다른 문학 장르에 비하여 높다고 할 수 있다. 지금 우리가 파시즘과 시의 문제에 주목하는 것은 그 둘이 만난 파시즘 문학이 언제나 열려 있는 가능성이기 때문이다. 파시즘 문학은 "미학과 정치의 심오한 상호 관련성"[2]을 지니고 있는 문제적 장르이다. 그런데 이런 미학과 정치의 상호 관련성이 특정한 시기에만

---

[1]. 이 글은 필자의 두 편의 논문을 기획 주제에 맞게 재구성하고 보완한 것이다. 더 구체적인 논의는 다음 논문을 참고하기 바란다. 「친일파시즘문학의 숭고 미학적 연구」, 『어문학』 104집, 2009; 「서정시 이론의 새로운 고찰: 서정성의 층위를 중심으로」, 『우리말글』 40집, 2007. 파시즘적 황홀에 대한 더 발전된 시각은 필자의 『전통시학의 새로운 탄생』(경북대출판부, 2013)의 마지막 장을 참조하기 바란다.
[2]. David Carroll, "Literary Fascism or the Aestheticizing of Politics: The Case of Robert Brasillach," *New Literary History*, Vol. 23, No. 3, History, Politics, and Culture(Summer, 1992), 718쪽.

나타나는 일회적 현상이 아니라 인류의 삶이 있는 한 언제나 반복될 수 있는 무한 회귀적 현상이라는 점에서 파시즘 문학은 직시되어야 할 대상이다.

지금 파시즘 문학을 논의하는 것 자체가 낯설게 느껴질 수 있다. 근대 문학의 흐름상 미적 자율성 담론에 의한 미학의 독립성이 강조되면서 미학과 정치의 분리가 상식화되었기 때문이다. 근래 도종환 시인이 정치인으로 입문하면서 그가 생산한 시를 어떻게 봐야 할 것인가 하는 문제가 새삼스럽게 제기된 것도 이와 관련이 있다. 근대의 분업적 시각에서 볼 때, 시는 정치와 독립된 별개의 영역이기 때문에 시가 정치 문제를 다룬다거나 시인이 정치 활동을 하는 일은 혼란스러운 일이기 때문이다.

그러나 미학은 근원적으로 특정 시대 담론의 영향 아래 놓이며 정치적 지형도 내에 포함되어 있을 수밖에 없음은 부인하기 힘들다. '정치적 무의식'과 같은 개념은 정치나 윤리 등의 외적 요소와 미학의 내밀한 관련성을 보여 주는 한 가지 사례일 뿐이다. 그러나 미적 자율성 담론은 매개적인 방식으로 정치와 미학의 교묘하고도 왜곡된 결합으로 나아갈 수 있다는 점에서 문제적이다. 미적 자율성 담론이 강화될수록 파시즘은 그것을 정치적으로 활용할 수 있는 발판을 쉽게 마련할 수 있다.

파시즘 정치는 대중들을 선동하면서 동시에 그들을 침묵시킨다. 왜냐하면 국가는 단독으로 비판되어서는 안 되는 폐쇄성을 주장하기 때문이다. 대중이 자율적인 예술 작품과 만나지만 그들에게는 단지 무능한 수용과 복종만이 허용된다. 이러한 의미에서 파시즘 국가와

전쟁은 그것이 부추기듯이 '예술을 위한 예술'이라는 미학주의의 합법적인 상속자이다.[3]

벤야민의 암시를 계승하고 있는 이 글은 폐쇄적인 미적 자율성 담론이 형성한 독자의 무비판적 수용과 복종의 자세가 파시즘을 파생시켰다고 본다. 이런 판단은 일종의 비약을 내포하고 있지만 미적 자율성 담론이 성행한 뒤에 갑작스럽게 파시즘이 등장하게 된 이유를 설명하는 데 도움이 될 수 있다. 정치 혹은 외부적 요소와의 절연을 선언한 미학주의가 오히려 더 강력한 정치적 효과를 발휘할 수 있다는 사실은 미학주의가 지닌 내적 속성에서 오기보다는 미학주의조차도 외면하거나 거부할 수 없는 정치적 영역의 편재성에서 온 것이다.

그러나 미학주의가 제공하는 수용미학적 효과가 파시즘과 공통분모를 지니고 있다는 지적은 논리적 타당성을 지닌다. 어떤 선언이 정치적 영역과 절연될수록 정치적 요소에 대한 비판적 견제가 그만큼 불가능해져 그에 대한 방어력이 취약해지기 때문이다. 그래서 미학주의가 파시즘의 도래를 준비하는 세례 요한적 존재라는 사실은 미학과 정치학의 거리가 애초에 확보될 수 없는 것은 아닌가 하는 의문을 갖게 한다.

우리가 문학의 순수성을 주장하는 것은 어쩌면 각자가 지니고 있는 정치적 통찰의 포기를 통하여 결국 각 개인들로 하여금 파

---

3. Russell A. Berman, "The Aestheticization of politics: Walter Benjamin on Fascism and the Avant-garde," *Modern Culture and Critical Theroy*, The University of Wisconsin Press, 1989, 39쪽.

시즘에 개입하게 만드는 일일 수 있다. 이런 관점에서 보면 문학은 절대 순수하지 않다고 보는 것이 진실일 것이다. 따라서 문학은 끝까지 정치적 통찰을 포기해서는 안 된다. 그런 통찰을 견지하면서 자신의 문학이 더 폭넓어지고 더 올바른 길로 나아갈 수 있게 방향을 잡는 것이 현명한 일이 될 것이다.

2. 파시즘의 본질로서의 '파시즘적 황홀'

파시즘의 본질은 대중의 열광이라는 정서적 반응에 있다. 이 정서적 반응이 대중들을 자발적으로 파시즘 속으로 걸어 들어가게 하는 입구 역할을 한다. 친일 파시즘 문학이 문인들의 자유의사에 의해 이루어졌다고 하는 자발성론의 근거도 여기에 있다. 자발성에는 논리적 판단도 중요하지만 그보다 더 중요한 것이 정서적 호응이기 때문이다.

그러나 초기 파시즘 연구는 이런 정서적 문제를 무시하고 파시즘의 공포정치에서 실마리를 풀어 나갔다. 이런 관점은 호르크하이머의 논의에서 보이듯이 파시즘의 기반을 "공포와 강압을 불변적으로 끊임없이 사용하는 데"[4]에서 찾는다. 그러나 이런 접근은 독일 파시즘이 그 많은 대중의 합법적인 지지를 통해 정권을 획득하고 지속적인 지지를 바탕으로 자신들의 정책을 수행해 나간 사실을 설명하는 데 한계를 지닌다.

---

4. Martin Jay, 황재우 외 옮김, 『변증법적 상상력』, 돌베개, 1979, 246쪽.

그래서 라이히와 같이 대중심리학적 접근에 주목하게 되는 것이다. 이때 중요한 것은 파시즘 정권을 장악한 지배자의 심리가 아니라 파시즘 하의 대중들의 수용 심리이다. 라이히가 "왜 수백만 명의 대중들이 억압을 긍정하였는가라는 모순은 정치적 또는 경제적으로써가 아니라 오직 대중심리학적으로써만 설명될 수 있다"[5]라고 본 것은 그래서 타당한 관점이다.

파시즘은 '스펙터클 정치'를 통하여 대중들의 감정을 자극하는 일을 정책의 핵심으로 삼고 있다. 대중 정치 시대에 급조된 새로운 고안물로서 파시즘이 "세밀하게 연출된 의식과 감정이 가득 실린 수사(修辭)를 적절히 사용하여 사람들의 정서에 주로 호소"[6]했기 때문에 지식인이나 대중들이 그 자극에 비판적 거리를 유지하기는 힘들었을 것이다.

정서를 자극하는 파시즘의 수사는 언어나 건축물, 연극, 집회 등에 전방위적으로 사용되어 새로운 지지층을 흡수하려고 노력하였으므로, 일제강점기에 친일 파시즘 문인들이 상황의 전개와 더불어 파시즘에 동조하게 된 것은 그렇게 부자연스러운 일이 아니었다. 최재서의 전신(轉身)이 파시즘에 대한 이런 반응을 전형적으로 보여 준다. 최재서는 1937년 중일전쟁을 회고하는 「사변당초(事變當初)와 나」라는 글에서 파시즘에 빠져드는 정서적 반응을 보여 주고 있다. 이때 그는 동경에 있었는데, 전쟁의 분위기 속에서 점차 고조되는 정서적 흥분을 느끼고 있었다. 그중 동

---

5. Wilhelm Reich, 황선길 옮김, 『파시즘의 대중심리』, 그린비, 2006, 73쪽.
6. Robert O. Paxton, 손명희 외 옮김, 『파시즘 — 열정과 광기의 정치 혁명』, 교양인, 2005, 53쪽.

경역의 풍경을 말하고 있는 다음 장면에서 그 흥분은 최고조에 달했다.

> 역 구내는 벌써 출정군인 전송인으로 초만원이어서 택시는 근방에도 못 간다. (…) 그러나 나는 그곳에 벌어진 창가와 만세와 격려와 절규의 흥분이 소용돌이치는 광경에 완전히 나 자신을 잃고 말았다. 무엇인지 모를 커다란 힘에 압도되어 실로 위협을 느끼면서 겨우 찻간에 올라앉았다. (…) 그날 밤 나는 차안에서 낭격(浪激)처럼 밀려오는 국민적 정열에 좀체로 눈을 붙일 수가 없었다. (…) 만세를 부르는 정경은 참으로 눈물겨웠다. 이리하여 나는 전쟁 속의 한 사람이 되었다.[7]

최재서는 전쟁으로 흥분된 동경역의 격렬한 풍경에 완전히 자신을 잃어버리는 망아의 상태에 빠지고, 그 실체를 몰라 두려움을 느낄 수밖에 없는 "무엇인지 모를 커다란 힘"에 압도되어 버린다. 이 상태는 숭고의 상태와 유사하다. "숭고의 불길은 스스로의 구성 요소들을 한데 녹이면서 듣는 이들을 황홀경으로, 오직 그 불길만이 보이는 지점으로 몰고" 가서 "청자의 편에, 아니 발화자까지 포함한 모든 이들에게 일종의 가사 상태 내지 의식의 상실"[8]을 요구하기 때문이다.

최재서의 언급에서 발견되는 일종의 가사 상태와 같은 이러

---

7. 최재서, 「事變當初와 나」, 『인문평론』, 1940. 7, 99쪽.
8. Michel Deguy, 「고양의 언술」, Jean-Luc Nancy 외, 김예령 옮김, 『숭고에 대하여 — 경계의 미학, 미학의 경계』, 문학과지성사, 2005, 45쪽에서 재인용.

한 정서적 반응을 '파시즘적 황홀'이라 명명할 수 있다. 이는 파시즘이 기획한 거대한 건축물, 박람회, 열광으로 가득한 집회 등 '파시즘적 구경거리(스펙터클)'에서 비판적 능력을 상실한 대중이 느끼는, 순간적으로 초월적 존재나 세계와 합일하는 듯한 느낌에서 오는 정서적 충격을 말한다. 이는 동시에 칸트 식으로 말하자면 압도적인 풍경을 마주한 상상력이 스스로의 한계를 통감하고 그 한계를 이성의 무한한 능력의 표상으로 전환하면서 얻게 되는 쾌감(즉, 숭고의 감정)을 말하는 것이다. 이런 감정은 친일 파시즘 문학에서 흔히 발견된다.

> 사실 나는 이번 사변(중일전쟁: 인용자)에 의하야 북경·상해·남경·서주·한구 등이 연차 함락되는 보도와 접하고 또는 실사 등을 통하야 지나의 모든 봉건적 성문이 몰락되는 광경을 눈앞에 볼 때에 우리들의 시야가 훤하게 뚫려지는 이상한 홍분이 내 일신을 전율케 하는 순간이 있다.[9]

중일전쟁에서 일본이 파죽지세로 중국의 주요 거점 도시를 장악해 나가는 소식을 접하면서 백철이 느끼는 이 "이상한 홍분" 역시 파시즘적 황홀이다. 이는 '대동아공영권'이라는 개념에서 느끼는 서정주의 "감복"과 동궤의 것이다. 그리고 "히틀러와 그에 의해서 영도되는 나치 운동에 대해서 가졌던 환상이 하이데거가 나치에 참여하게 되는 하나의 중요한 원인"[10]이라고 보는 관

---

9. 백철, 「시대적 우연의 수리」, 『조선일보』, 1938. 12. 6.
10. 박찬국, 『하이데거는 나치였는가』, 철학과현실사, 2007, 102쪽.

점에 따른다면, 하이데거가 가진 환상도 일종의 파시즘적 황홀이라 할 수 있다.

파시즘적 황홀은 파시즘이 사용하는 숭고 미학의 주요 목표이다. 파시즘의 대중적 기획은 언제나 대중의 고양된 정서적 반응을 겨냥한다. "최고의 정치적 경험이 항상 어떤 의미에서의 몰입"[11]이라 할 때, 파시즘은 그 몰입을 위해 항상 준비되어 있는 정치형태인 것이다. 그 몰입의 감정은 "통합의 경험이고, 전체 국가와 일체가 되는 존재의 느낌"[12]이다. 이때 전체 국가는 실재하는 국가가 아니라 초월적 세계에 놓인 이상화된 관념적 국가이다. 따라서 파시즘적 황홀은 실재하지 않은 초월적 국가와의 합일의 감정이다.

프랑스의 친파시즘 문인 브라지야크가 "해질 무렵의 젊은이들의 캠프, 하나의 몸을 하나의 전체 국가로 만들 때의 감동, 전체주의적인 축제, 이러한 것들이 파시즘 시학의 요소들"[13]이라고 한 것은 파시즘적 기획 속에 가득한 초월적인 대상과 연계된 파시즘적 황홀을 정확하게 표현한 말이라 할 수 있다. 브라지야크는 파시즘적 황홀을 적절하게도 "파시즘적 기쁨(fascist joy)"[14]이라고 부른다. 파시즘적 황홀이나 파시즘적 기쁨은 숭고의 감정 상태와 유사하다.

그래서 최재서는 브라지야크와 같은 내용을 다루면서 국민학

---

11. David Carroll, 앞의 글, 712쪽.
12. David Carroll, 위의 글, 712쪽.
13. David Carroll, 위의 글, 712쪽.
14. David Carroll, 위의 글, 713쪽.

교 전체 아동의 분열 행진을 두고 "거기에 개체가 도저히 기획할 수 없는 웅대하고도 장엄한 미가 만들어 지는 것"이라 하였던 것이다. 그가 말하는 이 미는 바로 숭고미이다. 이처럼 숭고 미학과 연계된 파시즘적 기쁨은 근본적으로 신비주의적이고 종교적인 경험이다. 그래서 파시즘을 일종의 종교로 파악하는 논리를 손쉽게 과장이라 부를 수 없을 것이다.[15]

파시즘 문학은 파시즘적 황홀의 생산을 주요 목적으로 삼는 문학이다. 즉, 불길과 같은 수사학으로 독자를 초월적 세계와의 합일로 이끌어 가사 상태와 같은 황홀을 생산하는 문학인 것이다. 파시즘 문학의 성패는 바로 이 황홀의 발생 여부에 달려 있다. 그래서 파시즘 문학은 신앙 간증 같은 황홀 경험의 고백으로 이루어지거나 개인이 관념화된 전체 속에서 느끼는 희열을 표현하는 데 집중한다. 파시즘적 황홀은 유사 종교적 비전을 제시하는 파시즘의 정서적 자극에 대한 반응이며, 이는 인간의 주관성에서 발생한다는 점을 고려할 때, 이것은 인간이 스스로 만들어 낸 황홀이자 환상이다. 시와 파시즘의 관계를 논할 때 이런 본질에 대한 통찰은 필수적이다.

---

15. 에밀리오 젠틸레는 "파시즘은 국가의 신성화에 초점이 맞춰진 고유한 신앙, 신화와 의식의 체계를 고안했다"고 주장한다. Emilio Gentile, "Fascism as Political Religion," *Journal of Contemporary History*, Vol. 25, No. 2/3 (May-Jun., 1990), 230쪽.

3. 시의 논리, 서정성이 지닌 함정과 대안

파시즘의 본질이 '파시즘적 황홀'과 같은 정서적 반응의 유도에 있다는 것은 결국 파시즘의 목표가 대중을 논리적이고도 합리적인 판단 상태로부터 이탈시켜 모든 문제를 정서의 문제로 고립시키는 데 있다는 의미이다. 파시즘이 목표로 삼고 있는 '파시즘적 황홀'은 논리적이고 합리적인 판단이 작용하는 세계에서는 제대로 작동할 수 없다. 그것은 비합리적인 것이 공인되는 세계에서만 작동하기 때문이다.

그래서 해방 직후에 발표된 박치우의 논의가 파시즘의 핵심을 비합리주의로 파악한 것은 적확한 판단이라 할 수 있다. 그는 파시즘의 철학적 근거로, "비합리성의 원리"를 든다. 이 역시 하나의 논리로서 종교나 토테미즘 사회, 혹은 신비주의의 배후에 깔린 "전논리적인 논리"[16]이다. 여기에서 중요한 것은 "피나 흙의 논리"이다. 그는 해방 후 상황과 관련하여 국수주의의 부상이 파시즘의 부상과 연계되어 있다고 본다.

> 그렇기에 '피'와 '흙'을 돌보지 않는 여하한 국수주의도 없는 것과 마찬가지로 국수주의로부터 발족하지 않는 파시즘이라곤 없는 것이다. 국수주의가 권력에의 의욕과 결부되는 순간 그것은 횡포무쌍한 파시즘으로 전화되는 것이다. (…) 외(外)로는 만주를, 서백리아를! 내(內)로는 조선판 천손사상(天孫思想) 팔굉일우(八紘一宇)를 재현시키고

---

16. 박치우, 「국수주의의 파시즘화의 위기와 문학자의 임무」, 『건설기의 조선문학』, 조선문학가동맹 중앙집행위원회서기국, 1946. 6, 137쪽.

야 말게 될 것은 의심 없는 일이다.[17]

　박치우는 파시즘의 기본적인 요소를 비합리적인 '피나 흙의 논리'에 바탕을 둔 민족주의적 국수주의와 폭력 독재로 규정한다. 그리고 이런 비합리주의를 계급주의와 대조시키고 있다. 이는 비록 계급적 입장이 가미된 것이긴 하지만 파시즘 논의에 준거가 될 만하다.
　라이히도 파시즘의 비논리성에 주목한다. 그는 "왜 대중들이 정치적 속임수에 넘어갔는가"[18]라는 물음에, 당시 독일 소시민층에 만연한 "광범위한 성의 억제와 억압"[19]을 그 답으로 제시한다. 소시민 계층에게 일어나는 유년기의 성적 억압이 신비주의와 비합리주의를 승인하도록 조장함으로써 "종교적 신비주의의 극단적 표현"[20]인 파시즘을 수용하게 만들었다는 것이다.
　박치우가 말하는 "피와 흙의 논리," "전논리적 논리"나 라이히가 말하는 신비주의, 비합리주의는 엄격하게 말해서 논리가 아니라 정서, 감정과 동등한 범주에 속한 것이다. 비합리주의는 논리의 작동을 정지시키고 정서만의 작동을 강요한다. 정서만이 작동할 때 논리적 세계가 허용하지 않는 비약, 모순 같은 것이 자연스럽게 승인된다. 파시즘은 이런 승인이 광범위하게 일어나도록 정치적, 경제적 기제들을 조정한다.

---

17. 박치우, 위의 글, 139쪽.
18. Wilhelm Reich, 앞의 책, 75쪽.
19. Wilhelm Reich, 위의 책, 91쪽.
20. Wilhelm Reich, 위의 책, 14쪽.

시, 특히 서정시는 본질적으로 이런 비합리성과 많은 관련을 지니고 있다. 서정시의 본질적 속성인 서정성이 바로 이런 비합리성과 관련될 수 있기 때문이다. "자아와 세계의 동일성"[21]으로 요약되는 김준오의 동일성 시론이 이런 서정성의 특질을 잘 보여 준다.

> 자아와 세계, 곧 인간과 사물 사이에는 간격이 없다. 자아와 세계는 서로 동화되어 어떤 것이 인간이고 어떤 것이 사물이라는 구별이 없이 미적 전체로 통일되어 있다. 그러므로 서정시는 극과 서사와 달리 자아와 세계 사이의 거리를 두지 않는다. '거리의 서정적 결핍' (lyric lack of distance)이 서정시의 본질이다. 자아와 세계가 구분되지 않을 만큼 동화되어 있듯이 서정시에 있어서 대상(세계)은 자립적 의의를 갖지 못하고 주관(자아)에 종속된다.[22]

김준오는 서정시의 특성을 "자아와 세계의 동일성," 즉 "자아와 세계의 일체감"으로 정리하고, "거리의 서정적 결핍"으로 표현하기도 한다. 자아와 세계, 즉 주체와 객체의 실존적인 구별이 무화되는 상태를 가리킨다는 점에서 동일하다. 주체와 객체의 완전한 동화로 존재의 개별성이 사라지고 미적 전체 속에서 새로운 차원의 혼융일체가 이루어지는 것이다.

그러나 이런 서정성의 세계는 그 자체로 긍정적인 면을 지니고 있지만, 여기에서 논리적 차원이 배제된 세계라는 점이 강조되

---

21. 김준오, 『시론(제4판)』, 삼지원, 2000, 34쪽.
22. 김준오, 위의 책, 36쪽.

면, 이 세계는 파시즘과 친연성을 지니게 될 위험에 처한다. 김준오의 서정성은 철저하게 주관성이 작동하는 세계이다. "대상(세계)이 자립적 의의를 갖지 못하고 주관(자아)에 종속"되는 서정성의 세계에서 주관성은 절대적인 위치를 갖는다. 서정성의 세계에서 이 주관성이 스스로의 작동에 대해 반성적 거리를 지니지 못하는 것은 당연한 현상이다. 주관성의 관점 속에서 주체와 객체의 차이가 사라지는 동일성의 세계에서는 비판적 시선이나 논리적 검토가 개입하지 않기 때문이다.

그렇다면 시가 지닌 이런 위험으로부터 자유로워지는 길은 무엇인가. 그것은 기존의 서정성 개념을 근본적으로 수정하는 일이다. 필자가 서정성의 세계를 주관성의 세계로 보지 않고 객체도 또 다른 주체로 참여하는 상호 주체적 세계로 본 것도 주관성의 절대화가 가져오는 위험을 피하기 위해서이다.

김준오가 말하는 주관 중심의 서정성은 주관의 체계에 철저하게 갇힌 폐쇄적인 서정성, 즉 '독백주의적 서정성'이다. 이의 대안이 될 수 있는 것이 바로 '상호 주체적 서정성'이다. 상호 주체적 서정성의 세계에서는 주체와 객체 중 어느 한쪽이 다른 쪽에 복속되는 종속적 관계가 아니라 서로가 서로에게 영향을 미치는 상호 주체적인 관계가 중시된다. 주체와 객체는 어느 한쪽도 소외되지 않는 능동적인 위치에 놓이며 서로는 서로에게 하나의 주체로 인정된다. 독백이 아니라 대화이며 의사소통이다. 대화나 의사소통 구조에서 소통 코드를 공유한 존재는 누구나 발화자의 위치에 놓이기 때문에 객체는 능동적인 상태에 존재하게 된다.

슈타이거의 '회감'이라는 개념이 긍정적 서정성의 예가 될 만하다. 왜냐하면 회감이란 것은 '주체 속으로 세계의 완전한 융화'를 의미하는 것이 아니라 "그 둘의 부단한 융화(a perpetual interpenetration of the two)"를 뜻하기 때문이다. 이 언급에서 상호 주체적 서정성의 진면목이 명쾌하게 드러난다. 주체와 객체가 대등한 위치에서 상호 소통의 방식을 유지하는 것이 "그 둘의 부단한 융화"가 의미하는 바이다. '주체→객체'의 일방통행만이 가능한 독백주의적 서정성이 아니라 양자의 쌍방향적 의사소통이 가능한 상호 주체적 서정성의 본질을 요약적으로 보여 주는 대목이다. 슈타이거는 다른 곳에서 "시인이 자연을 회감하고 이와 마찬가지로 자연이 시인을 회감한다고 말할 수 있을 것"이라고도 하였다.

시와 파시즘은 비합리주의라는 표면적 친연성을 지니고 있다. 서정성을 정서의 차원에 국한시키는 주관주의적 관점이 이를 잘 보여 준다. 그러나 서정성 속에서 객체의 존재를 주체의 정서와 맞세우는 상호 주체적 서정성의 관점에 선다면 근원적으로 이런 위험이 제거될 수 있다. 그것은 타자의 시선을 서정성 속으로 끌어들이는 입장이며 논리의 세계를 적극적으로 포용하는 입장이다. 이런 입장에 서게 되면 비합리주의나 신비주의에 대한 반성적 거리를 서정성 개념 자체에 확보하게 되어 파시즘의 유혹으로부터 거리를 유지할 수 있다. 이것은 파시즘의 위험을 근원적으로 방어하는 일이면서 시의 세계를 모든 것을 포용한 자율적 체계로 개방하는 일일 것이다.

(『시와 사상』, 2012, 겨울)

이념과 문체 사이의 몇 가지 빛깔

1. 이념과 투명한 문체

이쯤 되면 무슨 화두와 같은 편견을 내어도 될 듯하다. 바로 이념과 문체의 관계에 대한 것이 그것이다. 이념을 지향하는 시의 문체는 명쾌하다. 지향해야 할 이념이 있으므로 삶과 문학이 복잡할 필요가 없다. 그 이념이 삶을 질서정연하게 해주기 때문이다. 일종의 연역법의 명쾌함이 여기에 있다. 연역법은 대전제로부터 나온다. 대전제는 하부의 무수한 명제들을 낳는 대진리다. 대진리에 따르기만 하면 모든 것이 명약관화하다. 그러니 무엇을 망설일 것이며, 문체가 왜 투명하지 않을 것인가.

> 질래야 질 수 없는 싸움이었다
> 효정을 점령한 여세를 몰아 이릉에서 이기고
> 마지막 산 하나만 넘으면 형주를 취하고
> 손권과 오나라를 제압할 수 있는 싸움이었다

관운장의 넋을 위로하고 한을 풀 수 있는 싸움이었다
장비와 관우를 잃은 장수들은 목숨을 던져 싸웠고
마지막 이릉성을 에워싼 채 혹서기 내내 대치하고 있었다
그러나 유비는 육손의 화공에 대패하고 말았다
적벽대전에서 공명이 조조를 이긴 바로 그 붉은 불길
칠백 리 산속에 세운 영채들은 잿더미가 되었고
선봉장 풍습과 부동 장남 사마가 같은 장수를 잃었다
정기처럼 자결한 장수도 있었고
두로와 유녕은 동오에 항복하였으며
유비가 죽은 것으로 안 손 부인은
서쪽을 바라보며 애통해하다 강물에 몸을 던졌다
무엇보다 칠십 만 대군을 잃었다
조자룡의 도움으로 목숨은 건졌으나
유비는 분을 삭일 수 없었다
패배를 받아들일 수 없었고
날카롭고 거칠어져 측근도 곁에 두려 하지 않았다
음습한 바람이 불 때마다 절망은 우울로 바뀌었다
질래야 질 수 없는 싸움에서도 질 때가 있고
마지막 성 하나를 넘지 못하고
무너지는 운명도 있다는 걸 공명은 알고 있었다
이듬해 백제성 영안궁에서 세상을 뜰 때
유비는 붓을 들어 유조(遺詔)를 쓰면서
촉이 마지막으로 의지해야 할 것은 결국
공명이란 이름의 지혜와

조자룡이란 이름의 용기 둘임을 눈물로 기록하였다
후세는 이 싸움을 이릉대전이라 명했다
— 도종환, 「이릉대전」 전문(『문학의 오늘』, 2013, 봄)

이 시는 하나의 이념적 지향을 지니고 시인 자신이 직접 뛰어들었던 어떤 사건을 반성하는 작품이다. 이릉대전은 바로 작년 대선이고, 거기에 자신도 장수의 하나로 참전하였고, 또한 처절하게 패배하였다. "질래야 질 수 없는 싸움"을 진 자가 지향할 것은 패배의 승인만으로는 부족할 것이다. 이념에 입각한 권토중래를 계획하여야 할 것인데, 시인은 그것을 "공명이란 이름의 지혜와/조자룡이란 이름의 용기"라고 한다. 모든 정황을 알고 있는 독자로서는 이보다 명쾌한 논리, 투명한 문체도 없을 것이다. 자신이 질문을 하고, 자신이 그 대답을 알고 있다. 이런 시는 삼국지를 알레고리로 하든 직설적으로 하든 명쾌할 수밖에 없다.

낙타산에 왔다
불량소년 그대
저쪽에서 걸어올 것 같다
우리처럼 혼이 가벼운 이는
고향에 머물러 살 수 없는
낙타와 같아
타는 사막 건너
지친 몸을 잠깐 쉬이면
더 먼 곳으로 떠나야 한다

우릴 질투하는 신의 이름은

유행

그리고 평균

끊어진 성곽 위를 떠도는

흰나비 한 마리

허물어진 혼을 닮은

고독한 등에

무거운 짐은 왜 짊어졌나?

그대를 그리워하는 나는

아직 죽지 않은 그대의 동지

내 빈 방에도

찢어진 루바시카 한 벌 걸려 있고

그대도 알지

나도 한때 그대의 낙타산

벼랑 끄트머리에 숨어 산 것을

적적한 낙타의 고독을

나는 그대와 나누어 가졌으니

그대는 내 동무

나는 그대 동무

내가 그대를 잊지 못하니

그대가 나를 이렇게 부르니

— 방민호, 「임화에게」 전문(『서정시학』, 2013, 봄)

시인은 여기서 뜬금없이 임화를 호출한다. 우리 문학사에 찬

란한 이념의 별이라고 부를 만한 존재가 있다면, 임화 빼고 다시 누구를 들 것인가! 여기 '낙타산'이란 임화가 태어난 서울 동숭동의 낙산(駱山)을 가리킨다. 낙타를 닮은 산 아래 태어난 임화, 사막과 같은 막막한 현실을 건너야 할 운명을 타고난 그가 의지할 곳은 오로지 이념밖에 없었다. 그 때문에 그는 "더 먼 곳으로 떠나야"하였고, 그 때문에 늘 불행하였고, 그 때문에 그만큼 찬란하였다. 임화의 호출은 지금 사소하고 초라한 문학의 원인이 어디에 있는 것인가, 다시 한 번 자문을 하게 한다.

2. 문체와 이념의 갈등

이념의 확실성이 의심되기 시작하는 순간 문체는 혼란스러워진다. 만일 이념의 대모신인 대전제가 확실하지 않다면, 대전제의 타당성을 아무도 보증해 줄 수 없다면, 그로부터 흘러나왔던 수많은 소전제들의 운명은 어찌될 것인가. 대전제 없는 소전제들만이 어떤 절대적인 기준 없이 서로 부딪치고 엉키며 스스로 독자성을 외칠 것이다. 그러나 소전제들은 자신의 명제의 확실성을 스스로 확신하지 못한다. 그 때문에 이런 망설임은 문체를 혼란스럽게 만든다. 전형기에 이런 문체가 많이 등장할 수밖에 없는 것도 이 때문이다. 이것은 전형기에 쓰인 김광균의 시 구절("차단-힌 등불이 하나 비인 하늘에 걸려있다/내 호올로 어델 가라는 슬픈 신호냐")을 두고 임화가 "이 시인으로서는 참말 위험한 발언"(「시단의 신세대 — 교체되는 시대조류」)이라고 한 사실을 떠올리게 한다.

이는 이념의 확실성이 이념적 망설임에게 던지는 시선이다.

　엄격한, 줄—담배는 아니지. 복덕방—안암동, —보문동이었던가, 그 영감이 담뱃불에 담뱃불을 붙이는 방식
　　골방-동무들이 그랬지—담뱃불에 담뱃불을 붙이는 방식
　　엄격한 줄—담배가 아니지. 복덕방 그 줄담배께서는 가셨을 거야. 경춘공원묘원 지관께서 틀림없이 가셨듯이. 틀림없이 쓰는 것, 여기다 쓰지 언제 쓰겠어?

　　사라지지 않을 리 없지. 담뱃불을 끄고, 연기가 연기로 사그러드는 것을 보고,
　　오밀조밀한, 혹시 헐렁할지 모를, 담배-곽으로 한 개비를 꺼내고, 무지막지 하얀 담배, 입술로 물고, 라이터 더듬고, 라이터불로 담뱃불 붙이고—최고발명품이 가스라이터였던 것.
　　엄격한 줄담배가 아닌 방식—담뱃불로 담뱃불을 붙이지 않는 방식,

　　담배 몇 개비가 살릴 거야—기대는 방식—불씨가 모두인 방식—
　　그 방식이 아니고, 없는 방식, 파악되지 않은 방식이 있더라도 말이야—
　　그 방식에 기대지 않는 인생이, 없는 방식, 이 방식이 아니고 이 인생이 무슨 상관이란 말인지?
　　왼-종일, 입술로-입술로 되풀이하는 방식
　　재떨이를 계속해서 비우는 방식. 재떨이를 비우는 방식이 아니고,

그 방식의 인생이 어쩌자는 인생인가? 늘 이 방식,
　그 긴 방식, 담뱃불로 담뱃불을 붙이지 않는 방식.
재떨이를 비우는 방식—그 긴 방식

무슨 고민 있어? 별 거 아냐! —늘 이 방식—기분이 하나인 방식.

긴가민가 오락가락하지 않는 방식—담뱃불로 담뱃불을 기대하는
방식.
바람결에 들리는 소문으로 알았으나 그게 아니었던 것—
으랏차차 담뱃불로 담뱃불을 지지는 긴 긴 방식.

기분이 하나이고 모두가 아니란 말인가?
　　　— 박찬일, 「담뱃불로 담뱃불에 기대는 방식」 전문(『유심』, 2013. 4)

　시인에게 "담뱃불에 담뱃불을 붙이는 방식"은 이념적 지향이 뚜렷한 어떤 삶의 방식에 대한 비유다. 그것은 지금 비극적으로 종료된 듯 여겨진다. "바람결에 들리는 소문으로 알았으나 그게 아니었던 것"임을 이제는 안 것이다. 담배와 담배를 맞대고 불을 옮기던 연대의 방식이 지금 회의의 대상이 되었다. 그래서 자신이 생각하였던 대전제는 하나의 "기분"에 불과한 것으로 인식되는 것이다. 말투가 자유로운 것도 그 때문이고, 의도적인 중언부언, 회의적인 문체도 그 때문일 것이다.

　읽는 법을 바꿔볼까 생각했다

어제 생각했다, 읽을 만한 종류의 것이 아니기에
방의 구체를 떠올리는 일은 전략이 필요했다

격렬한 방,
아우성치는 방,
어제 벗어둔 동작들이 얽혀 있는 방,
방은 사상보다 행동으로 가득 찬다

문을 닫을 때만 염소들은 책장을 들이받는다
그리하여 초원으로 사라지는 방

한때 그 방에서 건물의 구조에 대해 생각한 적이 있다
건물의 뼈대와 함께 허공의 잔해를 품고 있는 방의 고민에 대해 시
를 쓴 적이 있다 그때 방은 허공에 대해 고민했고, 나의 고민이 방 밖
에서 맺히듯 나의 정체는 내 밖에서만 견고했다

비가 올 때마다 물이 샌다
나의 동작은 퉁퉁 불어, 운다
문을 닫을 수 없는 이유다
문을 닫기 위해서는 이 모든 격렬을 이겨야 한다
지금까지의 독법으로는 문을 열 수가 없다

가만히 누워 움직이지 않는 작전으로
밤새 부풀어 방을 가득 채우는 잠,

그리하여 어떠한 정서도 파생시키지 못하는 밤,
어느 페이지에서 짐승의 털이
쏟아지곤 했다

— 정은기, 「객관적인 방」 전문(『시인동네』, 2013, 봄)

'방' 혹은 세상이 "사상보다 행동으로 가득" 차 있을 때, 즉 이념 없는 분주함으로 가득할 때, 읽는 법을 바꾸는 방법도 하나의 해결 방안이 될 수 있겠다. "나의 고민이 내 밖에서만 견고했다"는 것은 자신의 정체성을 보증해 줄 내면적 이념의 부재로 해석될 수 있다. 그러니 난데없이 "염소들은 책장을 들이받는" 것이며, "어느 페이지에서 짐승의 털이/쏟아지곤" 하는 것이다. 이념적 불투명성은 새로운 주체를 탄생시키고 독특한 문체를 탄생시키는 것이다.

3. 이념의 소멸과 명징한 문체

이념이 소멸하면 무엇으로 다시 시작할 것인가. 다시 세계 그 자체로 돌아갈 수밖에 없을 것이다. 이념을 걷어낸 시선으로 세상을 읽는 방식이 그것이다. 그래서 사물들이 명징하게 등장하고, 사건이 순수하게 던져진다. 애초에 세계가 먼저 있었고, 거기에 인간이 던져졌고, 이념이 맨 마지막에 던져졌다는 것이다. 이것은 통시적이며 공시적인 방식이다.

납작해졌네
어제는 허물어진 고사떡 같더니

물기 마르고
살이 눌려서

차도 한가운데 벗어던진
갈색 모자같이 됐네
구겨진 골판지든지

오소리였는지
고양이였는지
어제도 알 수는 없었지만
피투성이의 뾰족한 털은 보였는데

납작해졌네
어제 흘러나왔던 피
머금었던 눈물도
모두 말랐네

그 아이,
생각은 어디에 떠돌고 있을까

어미의 가슴

깨물면 몽긋,
즙이 흘러나오던 젖꼭지
함께 부비작거리던 형제들의 감촉
낙엽 위에 고인 빗물의
서늘한 맛
이런 것들을 그리워하면서

아니면 생각조차 지워졌을까

그 위를 지나 질주하는 우리 몸 속
피가 고였다가
눈물이 고였다가
바싹 마르네

— 양애경, 「납작」 전문(『유심』, 2013. 4)

    길에서 죽은 짐승이 명징하게 우리에게 던져진다. 처음엔 "허물어진 고사떡"으로, 그 다음엔 "갈색 모자"나 "구겨진 골판지"로 다가온다. 그리고 거기에 던져지는 동물적인 감촉, 모든 것이 명징하다. 우리는 그 현장 검증에 초대되어 둘러보는 중이다. 이념적 부담 대신에 명징함이 그 자리를 차지한 것이다. 그러나 명징하긴 한데 "오소리였는지/고양이였는지"까지는 알 수 없다는 것이 문제일 것이다. 세상이 명징한 만큼, 삶이 그만큼 "납작"해진 것은 아닌가, 이 시는 암시하고 있다.

아무 일도 없다
요즘은 심심하다
지난해 겨울 내 사는 집 유리창엔 새가 와서 부리를 박고 죽었다
나는 그 새를 주워 털을 뜯고
내장을 끄집어내고 끓여 먹었다
맛 있었다
모처럼만에 맛보는 날짐승의 고기였다 내 손으로 죽인 건 아니었다
올해도 나는 그 주검을 기다리는데 죽음은 오지 않는다
어제는 눈이 내리고
오늘은 눈이 쌓여
희고 차고 맑고 이런 날은 새가 직선으로 날아오는데 새가 안 온다
나는 새를 기다린다 나는 새가 부리를 박고 죽기를 기다린다
기다리는 죽음은 오지 않는다

— 유홍준, 「북천 — 새의 주검」 전문(『문학선』, 2013, 봄)

"아무 일도 없다/요즘은 심심하다"라는 구절로 시작되는 이 시는 자신과 자신을 둘러싼 가시적 세계에서 벌어지는 일을 시적 대상으로 삼는다. 그런 삶에서 변화는 오로지 한 번 우연히 유리창에 새가 부딪쳐 죽은 사건일 뿐이다. 그리고 그런 새의 죽음이 반복되기를 기다리는 일이다. 이념의 진공이 오자, 세계는 이제 모든 것이 가능해진 것이다. 이념적 견제나 그로부터 오는 불편함이 없다. 극사실주의적 서정이 다가온 것이다. 그때 그 대상이 이처럼 모두 죽은 것이 되는 것은 아닌지 걱정이 되긴 한다.

그러나 지금까지 필자가 시를 읽어 온 이런 독법은 하나의 편견이며, 또한 편견을 가장하지 않는 독법이라는 점에서 가치가 있다. 그리고 동시에 이런 방식은 시의 계층구조를 다루는 것이 아니라 시의 스펙트럼을 보여 주는 방식이라는 사실도 기억되어야 할 것이다. 이 계절에 읽은 좋은 시들로 엮어본 스펙트럼일 뿐이다.

(『서정시학』, 2013, 여름)

2부

시인들, 정치성의 스펙트럼

미네르바의 시학
김광규론

1

　김광규의 시는 흔히 "생활 세계와 현실에 대한 열려 있는 태도," 즉 "현실의 구조적인 모순과 그 폭력화 현상에 대한 시적 관심"(권영민)의 일관성을 견지하고 있는 시, 혹은 "생활세계와 사회현실에 대한 관심을 줏대삼아 회전하고 있는 시"(유종호)로 요약된다. 생활 세계와 사회 현실이라는 용어는 경계 지점에 두터운 접점을 지니고 있으나 굳이 다른 표현을 사용하고 또한 그것이 자연스럽게 수용되고 있는 상황을 고려할 때 명백히 구별되는 범주라 할 수 있다. 간단하게 말하여 생활 세계라는 것은 많은 논자들이 즐겨 사용하는 '일상성'과 연결되는 개념이고, 사회 현실이라는 것은 사회경제 및 정치적 감각을 바탕에 두고 있는 '이데올로기'와 연결되는 개념이라 할 수 있다.
　지금까지 나온 김광규론은 생활 세계의 일상성을 지적하는 것이 대부분이며, 상대적으로 사회 현실에 대한 논의는 거의 없는 것이 특징이다. 그래서 이 두 범주의 설정은 상당히 널리 유포되어 있는 김광규론의 전형적인 틀이 되고 있음에도, 발어사와 같이 실질적인 의미를 지니지 못하는 형식적인 서두의 장식에 그치고 만다. 대부분의 논의에서 논자들은 자신들이 설정한 이 두 범주의 경계를 교묘하게 지워 버리고 있다. 권영민의 경우 이 두 범주는 궁극적으로 '서정의 정신'에 의해 무화되고 있으며, 유종호의 경우 두 경계 자체가 수사적으로 설정됨으로써 애초의 변별성이 상실되고 만다. 특히 유종호의 다음 구절에서 이런 점이 잘 드러난다.

> 생활세계와 사회현실에 대한 관심을 줏대삼아 회전하고 있는 김광규의 시가 일상생활의 낯익은 정경을 리얼리스틱한 필치로 포착하는 데 비상한 솜씨를 보여주고 있는 것은 자연스러운 일이다. 우리는 그의 싯귀 속에서 우리의 일상적인 시각경험이 극히 경제적이며 일상적으로 정착되어 있음을 보게 된다(유종호, 「시와 의식화 — 김광규의 시세계」).

김광규 시가 지니는 일상성의 낯설게하기에 대해 언급하고 있는 이 부분은 많은 이들이 보편적으로 인정하고 있는 지적을 담고 있다. 그러나 앞에 언급한 두 범주의 경계와 관련해서 볼 때 이 구절은 또 다른 사실을 드러내 보여 주는 지표가 된다. 우리는 이 부분의 서두에 등장하는 생활 세계와 사회 현실이라는 두 범주가 일상생활에 관한 내용으로 기울어 버리고 있음을 주목해야 한다. 물론 시 전체의 경향과 표현 문제라는 이중적인 차원에서 이 부분을 다룰 수도 있겠지만, 그 표현 문제가 두 가지 경향을 모두 포괄하지 못하고 있음은 결국 이 범주 설정의 한계에 대한 지적이라 할 수 있을 것이다. 대표적으로 살펴본 이들 논의의 공통점은 사회 현실이 생활 세계 속으로 슬며시 편입되어 버려 사회 현실에 대한 논의는 생략된 채 생활 세계에 대한 분석만이 집중적으로 다루어진다는 점이다.

2

 이런 사회 현실이라는 범주의 증발은 도대체 어디에서 기인하고, 그것은 어떤 의미를 지니고 있으며, 또한 김광규 시의 본질에 대해 어떤 새로운 사실을 말해 주는가. 이것이 바로 김광규 시의 특성에 대한 본질적인 질문이며, 이 평문은 이 질문에 대한 답으로 쓰인다. 그 윤곽은 사회 현실에 대해 다룬 몇 편의 시를 분석하면서 점차 드러날 것인데, 이 논의에 있어서 그의 초기 시「희미한 옛사랑의 그림자」는 아주 좋은 출발점이 된다.

　　4·19가 나던 해 세밑
　　우리는 오후 다섯 시에 만나
　　반갑게 악수를 나누고
　　불도 없이 차가운 방에 앉아

하얀 입김 뿜으며
열띤 토론을 벌였다
어리석게도 우리는 무엇인가를
정치와는 전혀 관계없는 무엇인가를
위해서 살리라 믿었던 것이다
결론 없는 모임을 끝낸 밤
혜화동 로우터리에서 대포를 마시며
사랑과 아르바이트와 병역 문제 때문에
우리는 때묻지 않은 고민을 했고
아무도 귀기울이지 않는 노래를
누구도 흉내낼 수 없는 노래를
저마다 목청껏 불렀다
돈을 받지 않고 부르는 노래는
겨울밤 하늘로 올라가
별똥별이 되어 떨어졌다
그로부터 18년 오랜만에
우리는 모두 무엇인가 되어
혁명이 두려운 기성세대가 되어
넥타이를 매고 다시 모였다
회비를 만원씩 걷고
처자식들의 안부를 나누고
월급이 얼마인가 서로 물었다
치솟는 물가를 걱정하며
즐겁게 세상을 개탄하고

익숙하게 목소리를 낮추어
떠도는 이야기를 주고받았다
모두가 살기 위해 살고 있었다
아무도 이젠 노래를 부르지 않았다
적잖은 술과 비싼 안주를 남긴 채
우리는 달라진 전화번호를 적고 헤어졌다
몇이서는 포우커를 하러 갔고
몇이서는 춤을 추러 갔고
몇이서는 허전하게 동숭동 길을 걸었다
돌돌 말은 달력을 소중하게 옆에 끼고
오랜 방황 끝에 되돌아온 곳
우리의 옛사랑이 피 흘린 곳에
낯선 건물들 수상하게 들어섰고
플라타너스 가로수들은 여전히 제자리에 서서
아직도 남아 있는 몇 개의 마른 잎 흔들며
우리의 고개를 떨구게 했다
부끄럽지 않은가
부끄럽지 않은가
바람의 속삭임 귓전으로 흘리며
우리는 짐짓 중년의 건강을 이야기했고
또 한 발짝 깊숙이 늪으로 발을 옮겼다

― 「희미한 옛사랑의 그림자」 전문

매우 긴 형태를 지닌, 김광규 시인의 이 대표작은 4·19 무렵의 상황과 18년 후의 상황을 대조적으로 드러내고 있다. 불도 없이 차가운 방에 앉아 하얀 입김을 뿜으며 열띤 토론을 벌이는 18년 전의 모임은 '때 묻지 않은' 순수함의 상징이 되고 있다. 그래서 그때 '우리'의 노래는 겨울밤 하늘로 올라가 별똥별이 되는 일종의 승화 과정을 거치게 되는 것이다. 그러나 18년 후의 모임은 '모두가 살기 위해 사는' '혁명이 두려운 기성세대'들의 모임으로 타락된 세계의 상징일 뿐이다. 그래서 바람의 소리는 '부끄럽지 않은가' 하고 질책하는 '바람의 속삭임'이 되고 있다. 이 두 세계의 차이를 통해 시인은 쓸쓸한 자기 성찰로 나아가게 된다. 그래서 이 시는 현재적 화자의 자기 고발이 전면에 드러나고 있지만 결과적으로 18년 전 세계의 상실에 대한 애가가 된다.

18년이라는 시간의 간격을 두고 존재하는 이 두 세계의 대조는 이 시의 뚜렷한 구조가 되고 있다. 그러나 더 정확히 말하면 그것은 대조가 아니라 시간의 선후에 불과하다. 본질적으로 달라진 것은 하나도 없고 18년 후의 상황은 앞의 상황의 연장선상에 놓여 있는 것에 불과하다. 이 시는 국가의 정통성을 부여하기 위해 헌법 서문에 엄숙하게 등장하는 〈4·19〉라는 이데올로기의 요체와는 무관하다. 18년 전의 그들도 "정치와는 전혀 관계없는 무엇인가를/위해서 살리라 믿"고(물론 이 구절을 달리 해석할 수도 있다) 열띤 토론을 벌이고, 이념적 차원에서가 아니라 "사랑과 아르바이트와 병역 문제"라는 일상적 차원에서 "때묻지 않은 고민"을 하는 일상적 존재일 뿐이다.

그의 시는 이념적인 문제를 부정하고 인간적이고 중도적인 관점에서 현실을 바라보고 싶어 한다. 다음 시에서는 그런 경향이 직접적으로 드러난다.

> 여보게 젊은 친구
> 역사란 그런 것이 아니라네
> 자네가 생각하듯 그렇게
> 변증법적으로 발전하는 것이 아니라네
> (…)
> 여보게 젊은 친구
> 머리 속의 이데올로기는
> 가슴 속의 사랑이 될 수 없다네
> (…)
> 자기의 몸이 늙어가기 전에
> 여보게 젊은 친구
> 마음이 굳어지지 않도록
> 조심하게
>
> ―「늙은 마르크스」 부분

 이데올로기와 사랑을 대립시키고 있는 화자는 지혜를 터득한 노장의 목소리로 이념주의자인 젊은 친구에게 충고조로 이야기한다. 이데올로기는 이성적이고 지적인 차원에 있기에 감성적 진리를 놓치고 경직되고 만다는 점잖은(이 말의 어원은 '젊지 않다'이다) 충고는 시인이 지닌 이념에 대한 비판적 거리를 보여 준다. 여기에 나오는 젊은이는 18년 전의 "4·19가 나던 해 세밑"에 "차가운 방에 앉아/하얀 입김 뿜으며/열띤 토론을 벌였"던 젊은 이와는 아무런 관계가 없다. 「늙은 마르크스」의 젊은이는 정치적 감각을 지니고 이데올로기의 가치를 믿지만, 「희미한 옛사랑의 그림자」의 젊은이들은 정치나 이념보다는 "사랑과 아르바이트와 병역 문제 때문에" "때묻지 않은 고민"을 하는 일상적 감각을 신봉하는 존재들이다. 이처럼 일상성의 차원에 놓인 존재는 이후 다음과 같은 표현으로 드러난다.

> 북두칠성을 뒤돌아보면서
> 굶주린 발길을 해남으로 재촉하던 때
> 어둠 속에서 우리를 이끌어준 것은
> 강철 같은 이념이 아니라 희미한 달빛이었지
> ―「오우가」 부분

　어둠 속에서 시인을 이끌어 준 것이 강철 같은 이념이 아닌 것처럼 18년 전의 그들을 고민하게 한 것은 4·19의 이념이 아니었다. 그것은 달빛처럼 '희미한' 일상성이었다. 그 시의 제목이 '희미한 옛사랑의 그림자'인 것은 바로 이런 이유 때문이다. 시간적 거리와 미학적 거리가 만들어 내는 이 '희미함'이 그의 시의 핵심이 된다.
　그럼에도 불구하고 왜 이 시는 대조적으로 읽힐까. 그것은 시인이 이 시를 오독하게 만드는 구절들을 이 시 곳곳에 전략적으로 배치해 놓고 있기 때문이다. 이 시가 그의 시 중 사회 현실이라는 범주에 가장 가깝게 가 있다고 생각하게 하는 것은 시의 서두에 엄숙하게 등장하고 있는 〈4·19〉인데, 바로 이 구절이 이 시를 오독하게 만든다. 이 오독을 실제로 보여 주고 있는 것은 임후성의 다음과 같은 글이다.

> 지금 와서 다시 읽으면서, 나는 시인이 회상하던 그 시간이 정확히 4·19의 봄날이 아니라 그해(1961년) 겨울밤이라는 사실을 새삼 깨닫는다. 내 기억 속엔 시인이 회상하던 그 공간('불도 없이 차가운 방에 앉아/하얀 입김을 뿜으며/열띤 토론을 벌였다/…/혜화동 로우터리에서 대포를 마시며/사랑과 아르바이트와 병역 문제 때문에')이 실로 따뜻한 햇살이 넘쳐 나오는 봄날로 자리 잡고 있었던 것이다. 설사 그렇다고 확인하고 나서도 내 기억은 좀처럼 바뀌지 않는다. 불도 없이 차가운 겨울밤은 이상스럽게 환하고 또 밝다. 다시 말해서 희미하다.

마지막 부분의 모호하고 설득력 없는 해설은 애초에 경험한 이 시의 오독을 새삼 발견한 후 그 괴리를 정리하지 못한 평자의 심리 상태를 반영한다. 그가 확인하고 당황한 것은 이 시가 노래하는 것이 4·19가 아니라는 것이다. 그리고 그 시간과 공간이 긍정적이고 화해에 넘치는 것으로 그려지고 있다는 점이다. 이 시는 이상한 형태의 4·19 시로 존재하고 있음이 드러나는 것이다.

이런 오독을 더욱 견고하게 만들어 주는 것은 '혁명이 두려운 기성세대'의 4·19와 인접성을 지니고 있는 '혁명'이라는 단어와, "우리의 옛사랑이 피 흘린 곳에/낯선 건물들 수상하게 들어섰고"에서처럼 4·19를 연상케 하는 어휘들의 사용이다. 이 시의 전반부가 실제적으로 4·19의 사건 자체나 그 이념과 무관함에도 불구하고, 이런 어휘들이 18년 후의 상황에서만 나타나고 있다는 것은 시인의 어떤 강박관념을 보여 주는 표지가 된다. 그 결과 이 시는 사후적 수정에 노력하는 시인의 모습을 드러내 주며 두 세계의 본질적인 균열(대조가 아니라)을 보여 주는 작품이 된다.

3

　사회 현실을 언급하는 김광규의 시를 읽을 때, 그리고 그의 시에 대하여 무엇인가를 말하고자 할 때 계속 떠오르는 한 편의 외국시가 있다. 나에게 그 시는 그의 시들에 오버랩 되어 읽힌다. 아니 그것은 일종의 선입견으로 작용하여 그의 시 읽기의 내적 흐름들을 결정짓는다. 그것은 그가 번역한 독일 시인데, 그의 시와 애증이 얽혀 있는 미묘한 시로 보인다.

　　깨어나라, 너희들은 악몽을 꾸고 있다!
　　잠들지 말라, 무서운 일이 서서히 닥쳐오고 있다. (…)

　　「아, 너는 벌써 자고 있느냐? 어서 깨어나라, 나의 친구여!
　　철조망에는 벌써 전류가 흐르고, 초병들이 늘어섰다.」

　　이 세계의 주재자들이 분주한 동안은 안 된다, 자지 마라!
　　너희들을 위하여 노력해야만 한다고 그럴 듯하게 내세우는 그들의 권력을 믿지 말라!

너희들의 마음이 공허하게 될 것을 예기하드라도 너희들의 마음이 텅 비지 않도록 주의하라!
  유익하지 못한 일을 하라, 사람들이 너희들의 입에서 기대하지 못했던 노래를 불러라!
  불유쾌하게 살아, 이 세계라는 기계 속의 기름이 되지 말고, 모래가 되라!

— 귄터 아이히, 「꿈」 부분(김광규 옮김)

이 시인이 상재한 연구서 『귄터 아이히 연구』에 따르면, 이 시는 귄터 아이히의 방송극 「꿈」의 마지막 부분에 나오는 작품이다. 방송극 「꿈」은 바이에른 방송국의 1950/51년도 방송극 현상 모집에 응모했다가 낙선되었으나, 이후 여러 방송국에서 거듭 제작 방송되어 청취자에게 많은 충격을 주고 논쟁을 불러일으킨 문제작이다. 그 방송극은 꿈의 형태를 빌어 현실을 적나라하게 보여 주며, 꿈에서 깨어나 현실을 새로이 인식하고 변혁하도록 경고하는 의도에서 쓰인 것으로, 특히 앞의 인용 부분에 악몽의 각성과 비판적 세계관 정립의 강조가 잘 드러나고 있다. 특히 "유익하지 못한 일을 하라," "불유쾌하게 살라"는 표현은 왜곡된 현실에 대한 강한 적의와 변혁 의지를 잘 보여 준다. 이 구절은 후일 김광규의 시에 형태를 바꾸어 나타나기도 한다.

조용히 사는 죄악을 피해
나는 자식들에게 이렇게 말하겠다
평온하게 살지 마라

무슨 짓인가 해라
아무리 부끄러운 흔적이라도
무엇인가 남겨라

— 「나의 자식들에게」 부분

이 시의 "평온하게 살지 마라"는 구절은 아이히의 시구들의 반향으로 읽힌다. 그의 자전적인 글에서도 드러나지만 김광규 시인에게 있어 아이히의 시는 시에 대한 근원적인 사유를 전환시켜 준 계기가 될 정도로 그에게 의미가 있다. 그의 시에 대한 연구나 번역이 그 관심을 보여 준다고 할 수 있다.

민음사의 세계시인선의 한 권으로 나온 귄터 아이히의 『비가 전하는 소식』(민음사, 1975, 1982 중판)이라는 번역 시집에 실린 위의 시에는 많은 유용한 각주가 달려 있다. 그러나 일종의 오독이라 볼 수 있는 각주가 두 개 있는데, 그중 하나인 '각주 11'은 "유익하지 못한 일을 하라"는 구절에 대한 풀이로 "개인주의적 견지로 보면 자기에게 불리하지만 인간 가족이라는 거시적 안목으로 볼 때 유익한 일을 하라"라는 내용으로 되어 있다. 그리고 나머지 하나인 '각주 12'는 마지막 구절에 대한 풀이인데, 그것은 "기름이 기계가 돌아가는 데 얼마나 중요한 역할을 하는가는 누구나 다 알지만, 기계를 설치한 장소의 흙(=모래)이라는 지반이 더욱 중요함을 우리는 너무나 당연하게 생각하는 나머지 잊기 쉽다"로 되어 있다(이후 『햇빛 속에서』(전예원, 1987)라는 번역 시집에는 위의 각주들이 사라지고 "1960년대 말 서독의 대학생운동이 한참 격렬했을 때, 이 마지막 구절은 하이델베르크대학 건물의 벽에 몇 달 동안

격문으로 씌어져 있었음"이라는 각주가 달려 있다).

중요한 것은 이 오독의 사실 자체가 아니라 이런 오독의 바탕에 깔린 세계관이다. 시인이 '유익하지 못한 일을 하라'와 '불유쾌하게 살라'는 반어적인 충고에 굳이 그런 정반대되는 의미를 지닌 각주를 단 것은 그의 현실 비판의 성격을 말해 준다. '유익하지 못한 일'이란 부정적인 세계에서 요구하는 왜곡된 유익함에 대한 비판이며, '불유쾌하게 사는 것'은 무비판적인 정신으로 현실의 모든 문제를 외면하면서 현실에 안주하는 유쾌한 삶에 대한 거부이다. 그래서 그런 부정적인 세계의 기계를 정지시키는 것이 비판적 각성을 지닌 자들의 임무가 되고, 그것이 바로 〈모래가 되는 것〉으로 표현되고 있다.

김광규 시인이 이 구절을 그대로 받아들이기 힘든 것은 이 표현이 지닌 비유적 특성 때문만은 아닐 것이다. 그것은 현실의 직접적인 비판이나 부정에 대한 거리낌의 표현이며, 그것은 그의 시의 소시민성을 드러낸다. 그에게 있어서 정치적으로 민감한 현실이 정면으로 다루어지거나 구체적으로 드러나지 않는 것은 이런 소시민의 현실 인식에 기인한다. 그래서 4·19와 같은 현실은 사후적으로 '희미한 달빛' 같은 회고 감정으로 순화되어 '희미한 옛사랑의 그림자'처럼 현장의 생생함이 퇴색된 채 드러난다.

이런 특성은 헤겔의 『법철학』에 나오는 다음 구절을 연상시킨다(김윤식 교수는 이 구절을 이상의 시학에 관한 해명에 적용한 바 있다).

세계가 어떻게 있어야 하는가 하는 교훈에 관하여 한마디 한다면, 그러한 교훈을 줌에 있어서는 원래 철학의 도래는 항상 너무나 늦은 감이 있다. 세계의 사상으로서의 철학은 현실이 그 형성과정을 완료하고, 스스로를 완성하고 난 후에 비로소 나타난다. (…) 철학이 그 이론의 회색에 회색을 겹쳐 그릴 때 이미 생의 모습은 노후해버리는 것이며, 회색을 칠하는 데 회색을 바르더라도 생의 모습은 젊어지지 않으며, 오로지 인식될 뿐이다. 미네르바의 부엉이는 황혼이 짙어지자 비로소 날기 시작한다.

김광규 시인의 시에 있어서 사회 현실의 퇴색은, 생생하지만 다소 거칠고 정제되지 않은 현장에 대한 거부에서 기인한다. 이념의 차원에서 행해진 4·19와 같은 젊은이들의 피를 부르는 사건은 거칠고 내적 완결성을 지니지 못한 미완의 현실이므로 그에게 있어서 미학적 재조정이 필요한 것이다. 헤겔의 말을 빌리자면, 이데올로기의 차원에 놓인 사회 현실은 사건 자체로서의 형성 과정을 완료하여 스스로를 완성한 후에나 회색의 희미함을 배경으로 하여 그의 시 속에 비로소 나타나는 것이다. 모든 사물들이 회색의 희미한 황혼 속에서 천연의 색조를 상실할 때 미네르바의 부엉이가 날기 시작하는 것처럼. 그러나 이것이 이론적인 학문은 물론이고 당대적 소재로부터 심리적 거리를 획득해야 완성도를 높일 수 있는 미학이나 시학의 운명일 수도 있다. 그러나 회색의 덧칠이 일상성에 비판적인 시에서는 소극적으로 이루어지고 있는데 반해, 사회 현실과 관련된 시에서는 더욱 강도 높게 행해지는 것은 특기할 만하다. 그럼에도 불구하고 그런 소재에 대한 관심을 지속적으로 유지하고 있다는 점도 그의 시적 특성의 하나가 될 것이다.

김광규 시의 이런 특성은 다음과 같은 시에서 다시 확인할 수 있다. 이 시도 4·19를 배경으로 한 시라 할 수 있다.

> 굳어버린 껍질을 뚫고
> 따끔따끔 나뭇잎들 돋아나고
> 진달래꽃 피어나는 아픔
> 성난 함성이 되어
> 땅을 흔들던 날
> 앞장서서 달려가던
> 그는 적선동에서 쓰러졌다 (…)
>
> 아니다
> 그렇지 않다
> 물러가라 외치던 그날부터
> 그는 영원히 젊은 사자가 되어
> 본관 앞 잔디밭에서
> 사납게 울부짖고
> 분수가 되어 하늘 높이 솟아오른다
>
> —「아니다 그렇지 않다」 부분

어느 인터뷰를 바탕으로 한 평문에 따르면 시인은 '4·19를 몸소 체험'했으며, "데모대의 앞장을 섰다가 경찰 곤봉 세례를 받았고, 적선동 근처에서 몇몇 친구들은 경찰의 총탄에 맞아 쓰러졌다"라고 한다. 그의 그런 경험이 위의 시에 잘 드러나고 있으며, 그래서 그런지 다른 시에 비해 화자의 목소리도 다소 격앙되어 있다. 그러나 이 시도 회색의 공간에 놓여 있다. 그것은 "아니다/그렇지 않다/물러가라 외치던 그날부터"라는 구절에서 느끼는 어떤 통사적 결핍으로 드러난다. 자연스런 구절이라면 '물러가라' 앞에 그 대상이 놓여야 할 것이다. 특히 이 시가 특정 사건을 배경으로 하고 적선동, 본관 등의 구체적 명사들을 등장시키고 있어 그 대상 역시 명확함에도 불구하고, 이 시에서는 그 대상이 비유적 표현으로도 존재하지 않고 결핍된 채 놓여 있다. 이 부분이 통사적으로 자연스럽게 해결되지 않고 있기 때문에, 그 생략된 대상은 무화되지 않고 부재로 존재하며 그 미완을 계속 알려주고 있다.

이와 달리 일상성의 차원에 대한 비판 의식은 조심스러움이 거의 드러나지 않는다. 수사적 전략도 크게 고려되지 않고 있으며 구체적인 언급들이 산문적으로 처리되고 있다.

> 보리밭, 밀밭, 배추밭, 무밭, 고추밭, 깨밭, 마늘밭, 콩밭, 감자밭, 고구마밭, 원두밭, 수수밭, 메밀밭들이 주차장으로 바뀌었다.
>
> (…)
>
> 자동차 매연과 엔진 오일 자국으로 색깔이 변해가는 박씨의 땅이 시간과 야합해서 생돈을 낳는다는 소문은 곧 주변에 널리 퍼졌고, 어느 날 주차객을 가장한 피라미 강도가 지프를 몰고 나타났.
>
> 흙으로 돌아갔어야 할 순박한 농민의 피가 자동차 윤활유와 섞여서 더럽혀진 것은 누구의 슬픔이라 할 것인가.
>
> ─「P」 부분

이 시에서는 주차장으로 변한 농토와 같이 비극적으로 삶을 끝내는 '순박한 농민 박씨'의 이야기가 산문적인 형태로 서술되고 있다. 마지막 구절은 글의 주제를 거의 직설적으로 드러내고 있는데, 이는 앞에서 살펴본 4·19 관련 시와는 전혀 다른 접근 방식이라 할 수 있다. 이 시의 이런 직접성은 미네르바의 회색 시학으로부터 그만큼 자유롭기 때문에 가능한 것이라 할 수 있다. 그의 생활 세계의 시는 이처럼 미학적 차원에서는 내적 고민을 간직하고 있겠지만 소재의 압력으로부터는 완전히 자유로운 것이다.

이런 생활 세계의 시와 달리, 앞서 다룬 「아니다 그렇지 않다」에서처럼 자연스러운 조건에서 굳이 현현이 차단된 그 대상은 현실의 직접성에 대한 시인의 고민을 잘 보여 준다. 이것은 사회 현실과 생활 세계라는 두 가지 범주를 설정함에도 사회 현실이라는 범주가 실제적으로 부재하고 마는 상황과 밀접한 관련을 지닌다. 이것은 사회 현실이 미네르바의 회색 시학에 의해 생활 세계의 차원과 같은 수준으로 재조정되기 때문이다. 그런 시학은 사회 현실의 표현에 있어서 순화를 목표로 하기에 그만큼 수사적 제약을 지닌다. 사회 현실의 거칠음과 무거움과 달리 이데올로기의 문제가 개입하지 않는 「P」와 같은 생활 세계의 가벼움과 완결성은 시인의 지향을 더욱 분명하게 보여 줄 수 있으며, 이념의 부담으로부터 자유롭게 만들어 줄 수 있다. 이것이 일상성의 차원에 놓이는 생활 세계가 그의 시 세계에 끊임없이 등장하는 이유가 될 것이다. 결국, 소재적인 측면에서 볼 때 그 두 범주를 설정할 수는 있겠지만, 미학적 차원에서는 그것은 결국 하나로 환원되어 버리고 만다는 결론을 내릴 수 있다.

4

　김광규 시인의 시가 보여 주는 미네르바의 시학은 그의 시를 독특한 상태로 만든다. 사회 현실과 생활 세계에 대한 끊임없는 관심은 서정시의 조건인 자아와 세계의 합일이나 '거리의 서정적 결핍' 같은 동일성의 철학에 거리를 두게 한다. 사후성이 미네르바 시학의 중요한 특성이라면, 그에 바탕을 둔 시들이라는 것은 이성적 차원에 주로 놓인다는 의미이며, 현존의 상태에 다가서 있는 현실계가 아니라 지적 조작의 관념계를 주요 기반으로 한다는 의미이다. 이 점과 관련하여 김광규 시인의 시와 다른 시인의 시를 대비하는 것이 도움이 될 것이다.
　먼저 살펴보아야 할 것은 박목월의 「나무」라는 시이다.

　유성에서 조치원으로 가는 어느 들판에 우두커니 서있는 한 그루 늙은 나무를 만났다. 수도승일까, 묵중하게 서 있었다.
　다음 날은 조치원에서 공주로 가는 어느 가난한 마을 어귀에 그들은 떼를 져 몰려 있었다. 멍청하게 몰려 있는 그들은 어설픈 과객일까, 몹시 추워 보였다.
　공주에서 온양으로 우회하는 뒷길 어느 산마루에 그들은 멀리 서 있었다. 하늘문을 지키는 파수병일까, 외로와 보였다.

온양에서 서울로 돌아오자, 놀랍게도 그들은 이미 내 안에 뿌리를 펴고 있었다. 묵중한 그들의, 침울한 그들의, 아아 고독한 모습. 그 후로 나는 뽑아낼 수 없는 몇 그루의 나무를 기르게 되었다.

— 박목월, 「나무」 전문

김준오 교수는 『시론』에서 이 시를 동일성의 철학을 보여 주는 예로 들고 있다. 자아와 세계의 합일을 그리고 있는 이 시에서 외계에 존재하는 나무들은 처음부터 의인화를 거쳐 사물에서 소통 가능한 하나의 존재로 탄생하고 있다. 거기에 묵중하거나 추워 보이거나 외로워 보인다는 감정이입의 표현을 통해 자아와 세계의 거리가 더욱 좁혀진다. 그 결과 도달하는 화자의 마음 안에 자라고 있는 뽑아낼 수 없는 나무의 상태는 서정적인 분위기 속에서 점층적으로 동일성을 획득해 간다.

김광규 시인의 다음 시도 외계의 부처 조각이 마지막의 "내 마음 한구석에 조그만 나무/부처가 들어와 앉았네"라는 표현에서처럼 내면에 존재하게 되는 동일화의 과정을 성취한다는 점에서 박목월의 '나무'와 유사하다.

값을 깎아 가까스로 70달러에 산
우부드의 목각 불상
적도를 넘어 일곱 시간 날아오는 동안
연화대 바닥이 쩍 갈라졌네
누구에겐가 주어버리기엔
정교한 솜씨 너무 아까워

책상머리에 놓아두었네

두고 바라보았네

마호가니 나무의 조화일까

숨결과 눈길의 감응일까

어느새 갈라진 틈이 다시 아물어

이제는 그 흔적조차 찾을 수 없네

조그만 적갈색 불상

아무래도 나무를 깎아 만든 것 같지 않고

애초부터 부처의 모습으로 태어난 것만 같아

그 뜻을 헤아릴 수 없는데 언제부턴가

내 마음 한구석에 조그만 나무

부처가 들어와 앉았네

— 「나무로 만든 부처」 전문

    그러나 이 시의 마지막에 성취되는 이 동일화는 여전히 거리를 두고 있는 것처럼 느껴진다. 박목월의 '나무'처럼 서정적인 합일을 이루어 '거리의 서정적 결핍'이라는 단계에 도달하지 못하는 것으로 보인다. 그것은 박목월의 「나무」가 서정적인 데 비하여 김광규의 「나무로 만든 부처」가 설명적이고 서사적인 데에서 기인하는 것 같다. 전자가 정서적 차원에서 거리의 순간적인 초월을 겨냥하고 그 단계에 도달하는 데 반해, 후자는 논리적 결론을 얻는 것처럼 이성적으로 그 단계에 도달한다. 그래서 마지막의 '내 마음 한구석'에 들어와 앉은 부처는 현실적인 성질을 그대로 지닌 채 화자의 정서 속이 아니라 화자의 인식 속에 자리 잡게 된다.

 동일성의 철학이라는 입장에서 살펴본 김광규 시의 이런 특성은 그의 시적 지향이 얼마나 지적인가 하는 점을 보여 주는 증거가 된다. 그의 시는 서사적이면서 서정적 합일을 성취하려는 노력을 보여 주는데, 이 서사와 서정 사이에서 균형을 유지하려는 노력이 그의 시의 중요한 특성이 된다. 그리고 이것은 다른 시인들에게서 좀처럼 나타나지 않는 특성이기도 하다. 그의 시적 행보를 지켜보는 것이 우리 시학의 새로운 방향을 지켜보는 것이 되는 이유도 여기에 있다.

(『애지』, 2001, 여름)

근대시의 세계에서 미학성과 정치성의 관계
김진경론

1. 근대문학의 두 극점: 미학성과 정치성

 문학의 본질 혹은 기능에 대한 논의는 결국 미학성과 정치성의 관계를 어떻게 설정할 것인가에 초점을 맞출 수밖에 없다. 미학성은 문학을 미적 자율성의 세계로 다루는 것이고, 정치성은 문학을 사회적 역학의 하위 체계로 다루는 것이다. 전자는 대(對)사회적 발언을 억제하며 언어의 미적 긴장에 초점을 맞추고, 후자는 언어의 미적 긴장보다 부정적 현실의 비판적 재현에 초점을 맞춘다. 이 두 극점은 움직일 수 없는 좌표상의 기준점으로 존재하기 때문에 모든 논의는 결국 좌표의 문제로 귀결된다. 즉, 어떤 논의의 정체는 그 핵심이 어느 쪽에 더 기울어 있는가, 어떤 좌표에 위치하는가로 결정된다.
 그러나 미학성을 규정하기가 수월한 데 반하여 정치성을 규정하는 데에는 난점이 많다. 미학성은 주로 언어의 내적 긴장과 관련된다. 그것은 기의보다는 기표의 측면에서 주로 나타난다. 그러나 정치성은 언어의 문제와 크게 관련이 없다. 언어 외적 현실이 문제되기 때문이다. 이때 언어는 외적 현실을 투명하게 전달하는 도구 그 이상의 의미를 지니지 않는다. 언어의 도구성이 문학에 있어서 정치성의 중요한 특징이라 할 수 있다. 실존주의자들이 산문의 언어를 도구적이라 본 것도 이 때문이다.

『우리 시대의 예수』(1987)라는 시집을 해설하면서 구모룡이 시의 도구성을 '시의 죽음'이라 부른 것은 이런 점에서 내적 일관성을 지니고 있다고 평가할 수 있다.

> 어두운 시대일수록 시의 죽음에 대한 유혹과 행동에의 결단이 앞선다. 시가 아무것도 할 수 없다는 낭패감은 오늘의 시대를 정직과 양심으로 살아가는 시인이라면 누구나 느끼고 있는 감정일 것이다. 그래서 시의 죽음은 시인에 대한 구제가 될 수 있었다. 즉, 시라는 것은 단순히 목적의 목표를 쟁취하기 위한 도구에 불과하다는 것이다. 구호와 강변만이 앞서는 이념시의 탄생은 이로써 당연한 귀결이다. (…) 김진경의 시는, 시의 죽음에의 유혹을 극복하고 삶과 시의 탁월한 일체감을 이루고 있는 대표적인 예이다.

'시의 죽음'이 횡행하는 시대에 김진경의 시는 "시의 죽음에의 유혹을 극복하고 삶과 시의 탁월한 일체감을 이루고" 있기 때문에 긍정적인 평가가 가능하다는 논리가 이 글의 핵심이다. '시의 죽음'은 시를 투쟁의 도구로 보는 관점을 말한다. 이것은 시의 근원적 존재 이유가 미학성에 있음을 전제하는 평가이다. 정치성이 순화되어 일정 수준에서 미학성과 균형을 유지하는 것이 바람직한 시라는 생각이 여기에 개입되어 있다.
 이처럼 근대의 체계가 강화될수록 완전한 정치성은 설 자리를 잃어 간다. 그것은 근대에 있어서 문학이 다른 분야로부터 독립하여 그 스스로를 자율적인 것으로 규정하기 때문이다. 즉, 미적 자율성의 체계로서의 문학이라는 개념이 그것이다. 이광수가 초기 문학론에서 지정의(知情意)를 강조하며 문학의 핵심이 정(情)에 있다고 한 것은 문학을 지의 영역으로서의 과학과 의(意)의 영역으로서의 종교로부터 문학을 독립시키고자 하는 의도를 반영한 것이다.
 미적 자율성 담론이 근대문학의 주류 담론이기에, 근대에 문학을 말한다는 것은 미학성에 기반을 둔 체계를 완전하게 벗어나지 못한다. 정치성은 어떤 형태를 지니든 미적 자율성의 체계 내에 들어와야 그 자체로 논의가 가능하게 되기 때문이다. 이것이 근대문학에서 정치성을 논할 때 부딪히게 되는 아포리아다. 과거 카프 내부에서 끝없이 정치성과 미학성의 문제가 중요한 논쟁 대상으로 떠오른 것도 이와 무관하지 않다. 그나마 카프가 정치성을 중요하게 말할 수 있었던 것은 문학 외적 이념, 즉 마르크시즘의 지도성이 강력하였기 때문이다. 그러나 카프 담론도 외곬으로 정치성을 강조할 수 없었던 것은 미적 자율성의 자장 내에서 자신의 담론을 정립시켰기 때문이다. 그 좋은 예가 임화가 될 것이다. 임화는 강경파로서 자신의 문학적 정체성을 정치성에 절대적으로 의존하였지만 상황의 변화에 따라 끊임없이 미학성으로 회귀하고자 하였다.
 구체적으로 서정 갈래에서 정치성이란 어떻게 드러날까. 서정 갈래와 달리 서사 갈래에서 정치성을 언급하는 것은 크게 부담스럽지 않다. 물론 정도의 차이기는 하지만, 산문의 세계에서 정치성은 언어의 특성상 자연스럽게 작품 속에 비교적 쉽게 스며들 수 있기 때문이다. 이에 반하여 서정 갈래에서 정치성은 이질적인 요소로 작품 내적 세계와 길항 관계에 놓인다. 이 길항 관계를 시인 스스로 인식하는 경우가 대부분이며, 작품에 그 길항의 흔적이 남게 된다. 그 길항은 한마디로 시와 산문의 공존으로 나타난다. 서정 갈래, 즉 시에서 정치성은 시의 형식에 기댄 산문성, 즉 시적 산문으로 나타날 수밖에 없다. 시적 산문이란 시에 도입된 산문의 세계를 말한다. 정치성이 본질적으로 서사적이라는 점에서 시적 산문은 시에 있어서 서사성의 도입을 의미한다. 카프 시기의 단편 서사시의 등장이나 1970, 80년대의 서사적인 시들의 전면적인 등장은 미학성에 대한 정치성의 우위를 반영한 것이다. 미학성과 정치성의 이런 역사적 경로를 한 시인에게서 발견할 수 있다면 특별히 주목할 가치가 있을 것이다. 김진경에 주목해야 할 이유가 여기에 있다.

2. 미적 자율성 세계의 정치성

김진경은 등단 초기에는 미학성의 세계에 어느 정도 기울어져 있었다. 첫 시집 『갈문리의 아이들』(1984)에는 미학성이 우위에 놓이면서 정치성이 서서히 미학성을 잠식해 들어가는 상황을 보여 준다. 두 번째 시집 『광화문을 지나며』(1986)에 오면 미학성은 억제되고 정치성이 우위를 점하게 된다. 이런 경향은 김진경의 경우 산문적으로 분명하게 드러난다. 매 시집마다 마지막에 딸린 후기가 그의 지향점을 분명하게 보여 주기 때문이다. 그의 두 번째 시집의 후기는 미학성과 정치성의 관계 변화를 구체적으로 언급하고 있다는 점에서 주목할 만하다.

> 이번 시집은 나에게 과도기의 의미를 갖는다. 첫 시집에서는 시가 나보다 커서 내가 시 속에 갇혀 있었다. 따라서 시가 좀 형식에 얽매인 적이 많았다. 이번 시집의 시들은 내가 내 시보다 커진 상태에서 쓰여진 것들이다. 따라서 나의 말이 시의 형식을 깨트리고 흘러넘치고 있다. 시가 거친 이유는 여기에 있다.

첫 시집에서 "시가 나보다 커서 내가 시 속에 갇혀 있었다"라는 말은 무슨 뜻일까. 이것은 미적 자율성의 세계 속에 시인이 스스로 자신을 인위적으로 제어하였다는 의미일 것이다. 그 자율성의 세계를 그는 '형식'이라 부르고 있다. 인위적 제어 때문에 그 미학성은 세련된 양상을 지닐 것이다. 그 세련됨이 곧 '형식'이다. 그렇다면 정치성은 형식을 초월하는 그 무엇이 된다. 그래서 "나의 말이 형식을 깨트리고 흘러넘치"는 상황이 발생한다. 형식을 깨트리기에 시가 거칠게 보인다. 시를 거칠게 만드는 것은 정치성이다. 그는 정치성을 다음과 같이 규정한다.

> 인간을 정치적 동물이라 한다. 이 말은 인간은 자기완성을 위해서 자기가 속한 사회 전체를 바꾸어 나가지 않으면 안 되는 존재라는 뜻

이다. 이러한 인간의 보편적 본질로서의 정치성이 우리의 역사 속에 탁월한 형태로 구체화된 것이 민족운동이라고 할 수 있다. 동학혁명으로부터 오늘날까지 거의 한 세대마다 한 번씩 분출되어 온 이 민족운동의 에너지는 도대체 어떠한 방식으로 전수되어 온 걸일까? 나는 그 전수방식을 근대적 의미의 한(恨)이라고 생각한다. (…)
  시는, 교육은 바로 이 전수방식으로서의 한(恨)에 바탕을 두어야 할 것이다. 시는, 교육은 인간의 본성으로서의 정치성을 해방하는 무기가 되어야 할 것이다.

  시를 교육과 등가에 놓은 것이나, 정치성을 인간의 보편적 본질로 이해하는 태도는 그의 문학적 입장이 미적 자율성의 세계를 전면적으로 부정하는 편에 서 있음을 분명하게 보여 준다. 그렇다면 미학성, 즉 형식에 대한 고려를 과감하게 떨쳐버려야 함이 옳을 것이다. 그의 고민이 형식에 주눅 들지 않는 새로운 문학을 과감하게 선언하여야 할 시점에 도달하였기 때문이다. 구모룡이 말한바 '시의 죽음'에 도달하였던 것이다. 그렇다면 바로 이때가 새로운 시가 바야흐로 탄생할 수 있는 새로운 시점이 아닐 수 없다. 그럼에도 그는 형식의 문제로부터 자유롭지 못하다. 자신의 시를 거칠다고 말하는 순간 그는 미적 자율성의 체계 내에 있음을 자인하는 셈이 된다.
  작품의 '거칠음' 여부가 문학 평가의 기준이 되는 것은 미적 자율성을 내면화한 결과이다. 우리 문학에서 이런 미적 자율성의 세계에 전혀 물들지 않은 사람은 아마도 신채호뿐일 것이다. 신채호를 미적 함량이 부족한 문인으로 평가하는 관점은 근대의 기준으로 볼 때 자연스럽다. 그의 문학은 사실상 미학성을 포기한 것으로 보인다. 그러나 그의 기준으로 볼 때 문학의 본질은 애초에 정치성이기에 미학성 자체가 변별적 자질로서 존재할 수가 없다. 신채호의 문학은 미학성의 피안에 존재하는 전혀 다른 차원의 문학이다. 그의 문학이 시대착오적인 것이 아니라 그의 문학에 근대문학의 기준을 적용하는 것이 시대착오적임을 인정할 때 우리는 미학성과 정치성의 문제를 전혀 다른 차원에서 해결할 수 있을 것이다.

김진경의 문학적 행로는 이 문제를 해결해 주는 지점을 암시하지는 못하지만 미적 자율성의 영역 내에서 고투하는 정치성의 향방을 점검하는 데에는 어느 시인보다 좋은 예가 된다. 김진경 시의 가치 또한 바로 여기에 있다.

3. 첫 시집에 나타나는 두 극점의 긴장

첫 시집 『갈문리의 아이들』에는 미학성과 정치성이 공존하고 있다. 대부분의 첫 시집이 그렇듯이 하나의 성격으로 규정할 수 없는 특성 때문에 이 시집 역시 그 성격을 한마디로 규정하는 데 어려움이 있다. 첫 시집의 혼성적인 특성은 시작이면서 또한 결과이기도 하다. 그 속에 있는 다양한 특성은 처음 시를 바라보는 혼란스런 시선의 반영이기도 하면서 동시에 앞으로 나아갈 진로의 암시이기도 하다. 이 시집에서 그 다양성은 미학성과 정치성이라 부를 수 있다. 먼저 미학성이 잘 드러나는 작품으로 「겨울

숲」을 들 수 있다.

> 숲은 깊이 잠들어 있다.
> 불안한 눈으로 깨어나는 짐승들
> 풀잎의 길을 따라 누군가의 발자국이 걷는다.
> 멀리 풀잎들의 마을에서 켜지는 어둠
> 오직 짐승들만이 그곳에서 듣고 있다.
>
> 들에서 타고 있는 누군가의 주검
> 빨리빨리 겨울의 얼어붙은 하늘로
> 사람들이 걸어간다.
> 가장 큰 어둠으로 흔들리는 나무
> 파랗게 누군가 나무에 불을 지른다.
>
> ―「겨울 숲」 부분

이 작품에서 구체적인 현실을 읽는 것은 불가능하다. "누군가의 발자국," "누군가의 주검"이 만들어 내는 상황이 명료하게 드러나지 않기 때문이다. 어둠으로 상징되는 시대의 불안을 이야기하고 있다고 막연하게 말할 수 있을지 모른다. 그러나 그것은 작품을 더 막연하게 만들 뿐이다. 이 시는 전체적으로 막연하고 모호한 분위기를 전달하는 데 작품의 초점을 맞추고 있다. 그 뒤에 있을지 모르는 구체적 절박함은 해석의 긴 우회로에서나 만날 수 있을지 아무도 확신할 수 없다. 이에 반하여 다음 시는 정치성이라 부를 만한 요소가 분명하게 드러난 작품이다.

군에서 휴가 나왔을 때에 빌리 그레이엄이 왔고
여의도엔 삼백만인가가 모였고, 어머니도 그중의 하나였고
비가 오려고 했으므로 우산을 들고 어머니를 찾으러 갔고
삼백만은 기도하고 있었다.
사할린 만주 등등에 있는 동포들을 구원해주시옵소서.

그때 가까이 서울에 있는 동포 중에는
밀린 임금을 받으러 단식하다 떨어져 죽기도 했으므로
나는 사람들이 갑자기 멀리 있는 것을 사랑하기 시작한 데 놀랐고
빌리 그레이엄은 요란한 소리를 내며
헬리콥터에 올라 여의도를 한 바퀴 돌았고,
사람들은 무슨 신음 소리를 냈으므로
나는 그가 대단한 우주인처럼 생각되었다.

―「E. T.」부분

이 작품의 메시지는 분명하고 상황도 명료하다. 이 시가 서사성을 많이 끌어들였기 때문이다. 서사성, 즉 산문적인 성격이 강할수록 정치성이 분명하게 드러날 수 있다. 가까운 곳의 정치성이 쉽게 작품 속에 들어오는 것이다. 그에 반하여 미학성은 갑자기 멀리 놓여 있게 된다. 이때 미적 자율성의 세계는 우주인의 세계처럼 이상하게 보일 수밖에 없다. 이 시는 정치성을 부각시키면서 동시에 미학성의 세계에 대한 경계를 보여 주고 있다.

김진경의 첫 시집은 이처럼 미학성과 정치성이 동시에 존재하고 있다. 하지만 대부분의 시는 미학성의 세계가 소수의 정치성

을 감싸고 있는 모습을 보이지만, 그렇다고 미학성이 전면에 놓인 것도 아니다. 두 극점은 서로를 완전하게 제어하지 않는 상태에서 긴장을 유지하고 있다. 그런 특성을 가장 잘 보여 주는 것이 「갈문리의 아이들」 시편이다.

> 서산에 와서 본다.
> 개울이며 갈문리의 나즈막한 집들
> 지금은 농부가 된 갈문리의 아이들
> 모든 것이 다시 한 번 죽은 듯이 적막에 잠겼지만
> 나는 알고 있다.
> 대낮의 햇빛에 까맣게 흔들리던 풀잎들
>
> 겁 없는 갈문리의 아이들 뒤에서
> 낯선 눈으로 보던 죽은 이들의 집.
> 갈문리의 아이들이 줍는 총알과 집게벌레
> 내 열병의 이불 속에서 죽음처럼 손에 익어
> 비로소 홀로 가 보았다. 버려진 참호 위의 풀잎들
> 떨리는 몸으로 그 산의 풀잎 다시 밟으며
> 나는 갈문리의 아이들이 되어 가고
>
> ─ 「갈문리의 아이들 1」 부분

비극적 상황이 일어나는 장소로서 갈문리는 상징성을 띠고 있다. 이념적 갈등과 학살이 이루어진 공간을 회상하는 갈문리 시편은 한 작품 속에서 사건의 양상을 직접적으로 언급할 때 생기는 산문성을 경계하고 있다. 그래서 연작시의 형태를 지니게 된다. 이 연작시는 한 작품 속에 과도한 산문성, 혹은 정치성이 시적 긴장을 놓치는 것을 제어하며 그 위험을 여러 편 속에 분산시키는 역할을 한다. 일반적으로 1980년대에 발표된 많은 연작시가 서사성을 바탕으로 산문성을 강조하고 있다는 점을 상기할 때 김진경의 연작시는 다소 특이한 양상을 띤다. 그 원인은 미학성에 대한 그의 긍정적 시선에 있다. 그러나 다음 시집에서 그는 이런 시선을 완전하게 거두고자 한다.

4. 정치성의 전경화와 시적 전회

시와 교육이 "인간의 본성으로서의 정치성을 해방하는 무기가 되어야 할 것"이라고 밝힌 두 번째 시집, 『광화문을 지나며』에서부터 그의 시는 정치성으로 방향 전환을 한다. 미학성의 자장으로부터 과감하게 멀어지려는 몸짓이 강렬하게 나타나 있다. 그것은 구체적인 현장성을 바탕으로 산문성을 전면에 내세우는 시들에서 잘 드러난다. 다음 작품이 이 시기의 대표적인 작품이라 할 수 있다.

> 아침 출근길 구로공단을 지나며
> 대낮에 광화문을 지나며
> 늦은 밤 술취한 귀가길 가리봉 오거리를 지나며
> 그들을 본다. 철망차 안에서 TV를 보고 있거나

거리마다 투구를 쓴 채 삼삼오오 떼를 지어 있거나
그들은 진압의 가능성으로 있다

…(중략)…

그러나 늘 지나다 보니
몰매도 익숙해지듯 그게 그거고
제법 태연하게 그의 앞을 지나게 되었는데
어느 날인가 교실에서 교과서에 안 나오는 얘기를 하려니
웬일인지 입이 열리지 않았다
땀을 뻘뻘 흘리다 보니 문득 그가 서 있다
나의 머리속 한 구석에 투구를 쓴 그가 서 있다
그러면 나는 벌써 반란도 없이 진압되어 버렸나!?

— 「반복학습」 부분 (『광화문을 지나며』)

 정치성이 의도적으로 강화되면서 산문성이 두드러진다. 그의 말대로 시인이 "시보다 커진 상태"(「후기」)를 잘 보여 준다. 시적 형식, 혹은 미학성으로부터 이탈한 시인의 자유로운 담론이 정론성(政論性)을 지향한다. 첫 시집에서 보였던 소심함이나 세련성을 과감하게 버리고 메시지와 내용을 앞세운다. 시의 언어는 순간적으로 메시지만을 전달하는 투명한 언어가 된다. 빙어처럼 내용물에만 시선이 가게 되는 구조이다.
 세 번째 시집 『우리 시대의 예수』에서 산문성은 더욱 전면화된다. 가령 다음과 같은 시는 형식이나 내용에서 산문 정신을 바탕

에 깔고 있다.

   썰렁한 면회실의 유리창 너머로 묵묵히 바라보기만 하다 당신이 말 없이 돌아가 버린 날 눈이 내렸습니다. 당신이 못 다 한 말들처럼 눈은 내려서 막막한 당신의 생애를 덮고 당신의 생애 위로 꽁지 긴 새가 날아와 붉은 열매를 쪼다 눈 위의 제 발자국을 지우고 갔습니다.
   어머니, 당신은 기억하고 계신지요. 눈 내리는 만주벌판의 긴 겨울, 빗자루를 꽁지에 달고 다녔다는 눈이 까만 조선의 아낙네를 당신은 이야기 하셨지요. 애기를 업고 총을 들고 눈 쌓인 돌산을 뛰어오르며 궁둥이에 단 빗자루를 흔들어 발자국을 지우며 사라지곤 했다고.
   눈 위의 제 발자국을 지우고 가는 새가 아름다워 보이는 것은 당신이 들려준 그 이야기 때문인지도 모릅니다. 눈 위의 제 발자국을 지우고 가는 새가 아름다워 보이는 것은 아직도 우리가 눈 내리는 겨울을 살고 있기 때문인지도 모릅니다.
   어머니, 지금은 당신이 면회를 마치고 돌아가는 벌판의 흰눈 위로 당신이 지우고 간 발자국까지 다 손에 잡힐 듯한 밤입니다. 어머니, 끝내 제 발자국을 지우지 못하고 책의 행간에 못으로 시를 끄적거리는 이것은 얼마나 슬픈 습관인지요.

                                                          ― 「눈오는 날」 전문

   이 작품에는 화자와 어머니의 이야기, 그리고 어머니의 이야기 속에 나오는 만주 아낙의 이야기가 하나의 조화로운 세계를 형성하고 있다. 그러나 이 작품에 보이는 그 조화는 형식주의적인 것이 아니다. 서사성의 자연스러움이 빚어내는 조화이다. 그 속에 정치적 감각, 사회적 시선이 자연스럽게 녹아 있다. 이제 미학성으로부터 자유롭게 된 시인의 모습이 여기에 투영되어 있다. 시인 스스로 이 점을 밝히고 있다. 시인은 이 시집 후기에다 이 시집의 시에 대하여 다음과 같이 말하고 있다.

> 이 시들은 1년 2개월 동안 독방에 갇혀서 책의 행간에다 못으로 끄적거린 것들이다. 그 중 10여 편은 전태일 주기, 4·19, 5·18 등의 기념행사를 위해 쓰여졌다. 역시 시가 무엇인가 다시 생각해 보는 계기가 되었고, 시 자체에 대해 그렇게 집착하지 않는 계기도 되었다.

시, 즉 형식으로서의 시로부터 자유로워진 시인의 말이다. 미적 제어로부터 자유로워져 현실을 마음껏 발설하여 말의 자유분방함을 추구하는 시적 지향이 잘 드러난다. 정치성, 혹은 산문성이 시의 형식적 굴레로부터 벗어나 실험적인 지점으로까지 나아갈 발판이 여기에 마련되었다.

이런 산문성이 극점에 도달한 것이 바로 네 번째 시집 『닭벼슬이 소똥구녕에게』(1991)라는 풍자 시집이다. 사투리의 전면적인 사용, 투박한 농민 화자의 등장 등 산문성과 정치성이 시집 전체에 넘쳐나고 있다. 그러나 그 극점은 상투성으로 연결되어 있었다는 점에서 쉽게 한계를 보여 주었다. 사투리 화자의 시선과 발화가 상투적인 것이 되면서 언어의 직접성은 무뎌졌다. 투명한 언어의 극점이 오히려 메시지를 약화시켜 버렸다. 정치성이 극대화될 때 그는 시를 다시 보게 되는 지점에 도달하였다고 할 수 있다. 그의 새로운 시적 전회가 시작될 시점이 된 것이다.

5. 미학성과 정치성, 그 길항의 소멸

다섯 번째 시집 『별빛 속에서 잠자다』(1996)에 오면 미학성이 오히려 중요한 고려가 된다. 미적 자율성의 영역 속에 정치적 담론의 가능성이 검토되는 것이다. 직설적인 언어들이 가라앉고 비유적인 언어들이 시의 많은 부분을 차지한다. 그중의 대표적인 작품이 바로 「낙타」일 것이다.

> 새벽이 가까이 오고 있다거나
> 그런 상투적인 이야기는 하지 않겠네.
> 오히려 우리 앞에 펼쳐진
> 끝없는 사막을 묵묵히 가리키겠네.
> 섣부른 위로의 말은 하지 않겠네.
> 오히려 옛 문명의 폐허처럼
> 모래 구릉의 여기저기에
> 앙상히 남은 짐승의 유골을 보여주겠네.
> 때때로 오아시스를 이야기할 수도 있겠지.
> 그러나 사막 건너의 푸른 들판을
> 이야기 하진 않으리.
> 자네가 절망의 마지막 벼랑에서
> 스스로 등에 거대한 육봉을 만들어 일어설 때까지
> 일어서 건조한 털을 부비며
> 뜨거운 햇빛 한가운데로 나설 때까지
> 묵묵히 자네가 절망하는 사막을 가리키겠네.

― 「낙타」 부분

 이 시에서 사막은 황폐한 현실을 가리키고, 낙타는 그런 현실을 견디며 묵묵하게 나아가는 의지적인 존재를 가리킨다. 이런 표현 방식은 은유가 아니라 알레고리, 즉 우의라 할 수 있다. 이 작품이 우의에 의지하고 있는 것은 우연이 아니다. 우의는 정치성과 밀접한 관계를 지니는 교훈성을 드러내기 좋은 수사학의 일종이다. 상징이나 은유가 초월성에 의지하여 현실의 피안에 시선을 던진다면, 우의나 반어 등은 현실적인 자장, 즉 시간성에 의지하여 지금의 문제에 관심을 가진다. 이것은 우의가 서사성을 어느 정도 지니고 있어 정치성의 개입이 쉽다는 특성과도 연관된다. 또한 우의는 작품 속의 이야기와 그 밖의 이야기라는 이원적인 구조를 지닌다. 현실과 작품의 이원적인 구조는 정치성과 미학성의 만남을 가능하게 하는 매개 역할을 하는 데 적절하다. 황폐한 시대 상황을 사막으로 대치할 때, 시의 내적 구조는 현실과 독립적인 구조를 지니게 된다. 그러면서 정치적 산문성이 또 다른 세계, 즉 현실적 세계를 구축하여 작품이 중층적으로 존재하게 한다.
 그러나 이런 만남은 정치성을 미학성의 세계 속으로 인도하게 된다. 미적 자율성의 자장 속에 정치성이 종속되는 결과를 가져오고 마지막에는 서정적인 세계로 회귀하게 만들 것이다. 미학성과 정치성의 길항이 서정성의 세계 속으로 소멸하게 된다. 가령 가장 최근의 시집, 『지구의 시간』(2004)에 실린 다음과 같은 시가 그 예가 된다.

밤새 두런두런
어느 길을 걸어
그 불빛 켜들고들 오셨나
푸르스름 밝아오는 새벽 길가에
올망졸망
이슬에 함뿍 젖은 흰 초롱 걸어놓고
말없이 돌아서는 등이 보인다.

─「초롱꽃」 전문

이 시에 등장하는 '어둠,' '새벽'은 이제 현실의 우의로서 존재하지 않는다. 의미 부여하자면 여기서 초롱꽃은 어둠을 밝히는 존재이고, 마지막에 등장하는 '등'은 어둠 속을 걷는 누군가를 안내해 주고 돌아가는 긍정적인 사람을 가리킬 수 있다. 그러나 그렇게 읽기에 이 시는 너무나 서정적인 세계에 깊숙이 들어와 있다. 정치성이 개입할 수 없는 먼 지점에 이 시는 와 있는 것이다. 그래서 그 자체로 자연의 묘사로 읽힐 뿐이다. 전통적인 서정의 세계이다. 산문성은 운문성, 혹은 시성으로 대체되고, 정치성은 서정성으로 대체되었다.

이런 변화가 평가의 대상이 아님은 확실하다. 그러나 정치성의 세계가 더 지속되거나 폭과 깊이를 더 확장시키지 못한 것은 시대 상황의 변화 때문이 아니라 미적 자율성의 강력한 자장 때문이 아닌가 하는 생각을 할 수 있다. 근대의 모든 분야에 치밀하게 파급되어 있는 미적 자율성의 자장은 정치성의 언어에 대한 완전한 귀의가 이루어지지 않게 시인의 내면을 장악할 수 있다.

신채호처럼 근대적 제도 자체를 불신하는 세계에 굳건하게 발 디디고 있지 않다면 정치성은 언제나 미학성으로 회귀할 수밖에 없을 것이다.

그래서 근대 시인은 언제나 두 극점의 경계 지점을 인식할 수 없는 운명에 놓여 있다. 늘 미학성의 자장 속에서 미학성의 시선으로 시를 규정하기 때문이다. 그러나 김진경은 그 경계를 인식하고 있는 시인이다. 미학성의 세계와 정치성의 세계에 대한 고민이 치열하게 이루어진 시인의 내면에서 그 경계는 어떤 경우에도 완전하게 소멸하지는 않을 것이다. 이 점이 김진경 시인의 장점이자 시학에서 그가 주목되어야 할 이유가 된다. 『지구의 시간』 후기에서 그가 사용하는 '경계'를 주목하여야 할 것이다. 그 다음 시도 이 경계 의식에서 태어날 것이기 때문이다.

> 늘 삶의 경계에 서 있었던 것 같다.
> 때때로 높이 맴돌다 땅으로 곤두박질치는 매처럼
> 세상일에 뛰어들기도 하면서………
> 이제 곤두박질칠 일도 별로 없으리라.
> 경계에 서서 휘파람이나 불다 가도 좋겠지.
> ─『지구의 시간』 후기

(『시와 경계』, 2010, 여름)

방법적 드러냄의 정치성과 그 한계
김혜순 시의 본질

1. 방법론과 '장한 누이 되기'

 김혜순 시인은 "한 편의 시는 연애시이면서 동시에 풍자시"(대담 「고통에 들린다는 것, 사랑에 들린다는 것」, 이하 인용은 같은 글)라고 반복적으로 밝힌 바 있다. 김수영의 풍자/해탈(「누이야 장하고나!」)의 이항 대립이 여기에서는 풍자/연애의 이항 대립으로 변형되었다. 그러나 김수영의 이항 대립이 대칭으로 나아간 반면, 김혜순의 것은 합일로 나아간다.
 풍자가 현실에 대한 직시라면, 해탈은 현실에 대한 초극이다. 김수영이 비극적인 삶을 살다간 그의 동생 사진을 대하는 방법은 이 두 가지밖에 있을 수 없다. 이런 태도는 현실이 비극적일 때, 그래서 외면하고 싶을 때 존재한다. 폭력적 현실은 항상 이분법을 요구하기 때문이다. 김수영이 이 둘 사이에서 갈피를 잡지 못하고 우왕좌왕할 때 누이는 현실을 직시한다. 아니 직시하면서 사랑한다. 김수영의 이항 대립은 누이 안에서 존재 의미를 잃어버린다. 누이가 장한 것은 이 때문일 것이다.

　이 점에서 김혜순은 김수영의 '장한 누이'다. 김혜순은 풍자와 연애를 하나로 묶는다. 시인에 따르면 이것은 또한 "안팎을 향한 칼날과 애정"이다. 칼날과 애정은 하나의 존재 안에 혼재한다. 이것의 경계를 그녀는 적극적으로 거부한다. 그 경계 지음은 일종의 폭력에 불과하기 때문이다. 시는 사랑의 행위다. 그것은 "주체가 타자와 만나 새로운 세계를 만들어가는 과정"이기에 이 사랑 속에서 풍자와 연애는 경계를 잃어버린다.

　그러나 과연 연애와 풍자의 경계는 사라지는 것일까. 사랑의 문제가 "자신 속을 파고듦과 동시에 자신으로부터 벗어나 상대방 속에서 자신을 발견하려는 이중의 본능"의 수행이라면 이는 풍자의 행위와 결코 동일할 수 없다. 연애라는 일원적 세계에 풍자는 이미 존재하지 않기 때문이다. 풍자의 칼날이 연애의 무지막지한 포괄성 속에 무디어져 버린다. 이때 풍자의 칼날은 연애의 혀처럼 부드러워져 더 이상 칼일 수 없다.

　오규원은 이것을 "방법적 드러냄"이라 했다. 이것은 기법의 문제이다. 이 때문에 김혜순 시인은 모더니스트라 명명될 수밖에 없다. 세계에 대한 인식은 방법론에 철저하게 종속된다. 그래서 방법론만 남고 인식은 소멸된다. 그의 시 「고백」(첫 시집 『또 다른 별에서』)이 결정적인 예가 될 것이다. 이 시는 누군가 숫자를 거꾸로 셀 때 사랑을 고백하는 형식을 취한다. 일종의 연애시다. 그러나 시인에 따르면 이 시는 철저하게 풍자시다. 검열이 모든 말들을 차압하여 가던 1980년 전후의 음험한 분위기를 묘사한 것이다(「오독된 나의 시 — 잘못 전달된 나의 고백」).

열!

― 열 번 세는 동안에 고백하라고! 알았어.

아홉!

― 벌써 아홉이야!

여덟!

― 거꾸로 세는 거구나. 그럼 고백을 시작하겠……

일곱!

― 그런데 어떡하지? 고백 경험이 전혀 없는 걸.

여섯!

― 좀 천천히 할 수 없니? 생각을 해야잖아. 내가 정말 그런지 안 그런지. 또는 앞으로 그럴 건지, 안 그럴 건지.

다섯!

― …….

넷!

― 걷어차지 말고 숫자 세는 거에나 전념하시지.

셋!

― 알았어. 한다니까, 유창하게, 고백을. 휘영청 달 밝은 밤에 이 가슴 설렙니다.

둘!

― 간을 빼 주면 안 되니? 솔직히 말해서 고백이란 하고나면 시시해지는 거 아니니?

하나 반!

― 하나 반? 모두들 고백했다고? 넌 복도 많고, 애인도 많고.

하나 반의 반!

— 반의 반? 때리지만 말고 네가 한번 해봐. 그럼 널 따라 하지, 내가. 정말이야. 그대로 따라 외친다니까. 너도 알다시피 난 창의력이 부족해.

하나!

— 앗, 끝이냐? 그럼 좋아. …… 사랑해.

— 「고백」 전문(『또 다른 별에서』)

그러나 이 작품을 풍자시로 읽을 수 있는 사람은 시인밖에 없을 것이다. 이 시는 사랑 쪽으로 너무 많이 기울어져 있다. 간혹 걷어찬다거나 때린다는 표현이 등장하여 사랑치고는 좀 가학적이라 독자를 의아하게 만들긴 하지만, 이것이 사랑의 범주를 넘어서게 만들지는 않는다. 이를 독자의 감식안의 문제로 치부하는 것은 비겁한 일이다. 방법론에 내재된 한계일 뿐이다.

현실을 직시하는 풍자는 그 나름의 존재 방식이 있다. 이는 사랑의 존재 방식과 전혀 다르다. 필자가 다른 글에서 다룬 바 있듯이 풍자의 본질로서의 시적 정치성은 세 가지 조건을 갖추어야 한다. 첫째, 정치성의 대상으로서 '다수의 인간과 관계가 있는 현실적인 사건'을 다루어야 하며, 둘째, 정치성의 내용으로서 현재에 대한 해석이 존재해야 하며, 마지막으로 정치성의 표현 방식에 있어서 정치적 의도를 명시적으로 드러내어야 하는 것이다(『문학의 문학』 2011년 봄호). 즉, 풍자는 공동체와 관련된 현실적인 사건을 대상으로 하며, 거기에 대한 해석과 의도의 명시성을 포함하고 있어야 한다.

풍자의 존재 방식이 연애의 존재 방식과 너무나 다르다는 사실이 존중되어야 한다. 물론 풍자와 연애가 합일의 상태에 도달할 수 있다. 그러나 이 둘을 합일하게 하려면 상호 주체적 공존이 되어야 하는데, 이것은 지난한 과제이다. 김혜순은 이 과업을 성공적으로 수행하지 못하고 어느 한쪽이 다른 쪽을 끌어안는 방법으로 해결해 버린다.

「고백」이란 시가 정치적 의도의 명시성을 방법론적으로 무화시켜 버린 것도 이 때문이다. 이 작품은 풍자시를 삼킨 연애시가 되어 버렸다. 결국 김혜순은 김수영의 '장한 누이'가 되지 못한 것이다. 김수영처럼 풍자와 해탈을 이분법적으로 둘 때 정치성은 선명해진다. 어떻게 보면 이항 대립으로 인한 긴장이 둘의 존재를 더 존중하는 것일 수 있다. 최소한 하나가 다른 하나를 삼켜 버리지는 않기 때문이다.

'장한 누이'가 되는 길은 무엇인가. 현실을 직시하면서 사랑에 빠져야 하는 것이다. 누이는 어떻게 이 균형을 유지하고 있을까. 김수영이 그 사진을 견디지 못 하고 누이의 방을 뛰쳐나가는 데 반하여, 누이는 그 사진을 자신의 방에 걸어둔다. 누이의 정치적 명시성은 바로 그 외면하고 싶은 오빠의 사진을 자신의 방에 뚜렷하게 보이도록 걸어 놓는 데 있다. 그런 직시는 애정과 동시적으로 존재한다.

김혜순의 시는 이런 직시를 지니고 있으나 그것이 너무나 내면화되어 있다. 현실은 방법론적으로 다루어져야 할 소재일 뿐이기 때문이다. 방법론은 현실의 생경함을 있는 그대로 받아들일 수도 인정할 수도 없다. 시 속에 이 생경함이 들어오는 것은 두려운 일이다. 미적 자율성의 영역에 현실은 언제나 이처럼 두려움의 대상일 뿐이다. 이 두려움을 이기는 방법이 예술의 방법론이고, 이것을 가장 잘 인식하고 있는 자가 모더니스트다.

　방법론은 현실, 즉 풍자를 삼켜 버린다. 이를 가능하게 하는 것이 방법론 속에 내재된 소시민성이다. 즉, 우격다짐으로 달려드는 현실을 방법론 속에서 질서의 상태로 만들어 안정을 유지하려는 속성이 소시민성이다. 그래서 방법론에 기댈 때 현실에 대한 직시는 우회를 택하게 된다. 방법론은 결국 우회이다. 여기에서 이어령의 비아냥거림을 샀던 김수영의 '서랍 속의 불온시'와 만나게 된다.

　김혜순에게 있어서 풍자는 관념화된 오빠의 사진이다. 이것은 누이의 방에 존재하지 않는다. 존재한다고 믿는 것은 시인이다. 김혜순의 작품 속에서 오빠의 사진은 존재하지 않는다. 방법론적으로 다루는 과정 중에 그 사진은 점점 더 추상화되고 관념화되어 마침내 자신의 물질성을 잃어버렸다. 물질성을 잃어버린 사진은 더 이상 현실이 아니라 심리학적 대상일 뿐이다. 「고백」이 풍자시가 아니라 연애시가 되어 버린 것도 이 때문이다.

　김혜순도 이런 방법론에 내재된 위험을 인식하고 있었으며, 이를 다음과 같이 성찰하고 있다.

　　이제는 대상을 비트는 일에 정력과 상상력을 낭비하게 된 것이 아닌가. 내 모든 일과 놀이 곁에 숨은 외경과 진실을 모두 비틀고 짜버린 것이 아닌가. 마치 죽음이 하는 짓거리처럼. 죽음을 척결하고자 덤벼들었던 사업이 죽음에 점점 착색 당하고나 있지 않은가. 그리하여 나는 지금부터라도 모든 방법적 전략으로부터 떠나고자 한다(「오독된 나의 시 — 잘못 전달된 나의 고백」).

그러나 김혜순은 그 '방법적 전략'을 결코 포기하지 않는다. 방법론은 자가생식하고 자가발전하는 힘을 지니고 있기 때문에 멈추는 것은 불가능하다. 김춘수가 그러하듯. 그리고 이 방법론은 시의 늙음을 계속 지연시킨다. 방법론은 기표를 지속적으로 젊게 만들기 때문이다.

2. 방법론 혹은 전략적 미숙함

연애와 풍자를 조화시키려는 시도는 초기 시에서 불안정하였고, 이 때문에 시들도 불안정하였다. 김혜순 시인의 초기 시에서 한계에 부딪힌 풍자는 그 다음에 일상성의 차원으로 내려온다. 풍자의 사회 정치적 조건이 해제되었기 때문이다. 폭력적인 현실이 사라지고 대신 일상성이 그 자리에 들어선다. 대상이 바뀌자 방법론이 안정되기 시작하였다.

일상적인 차원에 내려온 방법론의 대상은 여성성이다. 감당하기 힘든 현실 속에서 여성성은 제 목소리를 낼 수 없다. 현실에 대항하기 위해 남성, 여성의 대립 구도 혹은 차별성은 무시되어도 좋았던 것이다. 그런 현실적 조건의 변화는 일상 속의 여성을 발견하게 하였다.

그러나 김혜순의 여성성은 진정한 의미의 여성성이라 할 수 없다. 김혜순에게 있어서 여성성은 모든 인간의 근원적 조건으로서의 혼종성이다. 균열된 복수적 자아의 혼거, 이성적 질서로 편입되지 않는 생성 중인 정체성은 여성만의 문제가 아니다. 이성 중심주의의 폐해는 남녀를 가리지 않기 때문이다. 이 문제를 다루는 데 김혜순의 방법론은 빛이 난다.

김혜순 시인 스스로 가려낸 자선 대표시 다섯 편(「그녀, 요나」, 「또 하나의 타이타닉호」, 「얼음의 알몸」, 「불가살」, 「월인천강지곡」)에서도 인간의 근원적 조건으로서의 혼종성이 방법론과 적절하게 만나고 있다. 김혜순 시인에 대한 글은 여러 편이지만 난해함 때문에 평자들이 자세한 해석을 회피하기에, 여기에서는 구체적인 해석을 곁들여 설명하고자 한다.

대표작 중 「그녀, 요나」, 「얼음의 알몸」, 「월인천강지곡」은 생성 중인 정체성의 문제를 본격적으로 건들고 있다.

> 어쩌면 좋아요
> 고래 뱃속에서 아기를 낳고야 말았어요
> 나는 아직 태어나지도 못했는데
> 사랑을 하고야 말았어요
>
> 어쩌면 좋아요
> 당신은 나를 아직 다 그리지도 못했는데
> 그림 속의 내가 두 눈을 달지도 못했는데
>
> 그림 속의 여자가 울부짖어요
> 저 멀고 깊은 바다 속에서 아직 태어나지도 못한

그 여자가 울어요 그 여자의 아기도 덩달아 울어요
두 눈을 뜨고 당신을 보지도 못했는데 눈물이 먼저 나요

(나는 아직 태어나지 않은 게 분명하지요?
그러니 자꾸만 자꾸만 당신이 보고 싶지요)

오늘 밤 그 여자가
한번도 제 몸으로 햇빛을 반사해본 적 없는 그 여자가
덤불 같은 스케치를 뒤집어쓰고
젖은 머리칼 흔드나봐요
이파리 하나 없는 숲이 덩달아 울고
어디선가 보고 싶다 보고 싶다 함박눈이 메아리쳐 와요

아아, 어쩌면 좋아요?
나는 아직 태어나 보지도 못했는데
나는 아직 두 눈이 다 빚어지지도 못했는데

— 「그녀, 요나」 전문(『한 잔의 붉은 거울』)

「그녀, 요나」는 생성 중인 정체성을 시점의 혼란스러움으로 드러낸다. 1인칭 '나'가 어느 순간 3인칭 '그녀'가 된다. 나의 문제가 주관적인 상태에 있다가 어느 순간 객관적인 대상이 되어 버린다. 이것이 가능한 것은 '나'와 '그녀,' 그리고 이를 미적 거리를 두고 바라보는 또 다른 이가 모두 미완의 존재, 즉 "덤불 같은 스케치" 상태이기 때문이다. '나'는 미완의 상태로 고래 뱃속

에 있다. 고래 뱃속의 요나는 정체성의 변화를 겪는 존재이며 다시 태어날 시간을 기다리는 존재이다. 그 속에서 미완의 존재가 미완의 존재를 낳아 버린다. 스케치 상태의 그녀가 스케치 상태의 아이를 낳는 공간은 아직 햇빛이 닿지 않는 어둠의 공간이다. 그곳에는 이성적 질서가 들어설 수 없다. 태어나지 않은 존재가 미래의 사랑을 선취하여 아이를 갖는 것이 전혀 이상하지 않은 것도 이곳이 고래 뱃속이기 때문이다. 고래 뱃속의 이 여자가 지닌 원초적 그리움에는 화자의 갈망이 담겨 있다. 스케치 상태의 그녀가 궁금한 것이다. 그러나 화자, 혹은 시인은 절대로 그녀를 만날 수 없을 것이다. 그 스케치는 완성될 수 없게 되어 있기 때문이다. 인간 존재의 본질은 스케치일 뿐이다.

    너는 흰 눈을 저장해 둔 곳에 가본 일이 있으며
    우박창고에 가본 적이 있느냐

    너는 바다 밑 얼음창고에 가본 적이 있느냐
    너는 거기서 물로 빚은 물고기들이 숨죽이고 있는 걸 본 적이 있느냐

    너는 마음속에 눈이 내려
    높이 높이 쌓인 눈 속에 숨은 사람을 본 적이 있느냐
    그 사람이 잠 깨어 눈 뜰 때
    그 눈 속에 떠오르던 검은 달이
    우는 걸 본 적이 있느냐

너는 쏜살같이 달려가는 기차에서
쏜살같이 달아나는 흰 산들을 잡으려 해 본 적이 있느냐
그 산들의 싸늘한 눈길을 견뎌 본 적 있느냐

땡볕 쏟아지는 여름 그 큰 얼음을 아픈 사람처럼 담요에 싸안고
눈물을 훔치며 가던 사람을 본 적이 있느냐
너는 그 적나라하게 뜨거운 얼음의 알몸을 만져 본 적이 있느냐

깊은 밤에 깨어나 우는 사람의 눈물을 받아 먹어본 적 있느냐
그 굳센 얼음이 녹는 기분이 어떨까 생각해 본 적 있느냐
그러니 잘 들어라 얼음아씨가 말하노니
너는 우박창고에 가본 적이 있느냐
다 녹아서 흘러가 버린 우박 창고에 우두커니
서 있어 본 적이 있느냐

— 「얼음의 알몸」 전문(『한 잔의 붉은 거울』)

「얼음의 알몸」도 앞의 작품과 마찬가지로 성서 욥기를 원용하고 있다. 소재도 그렇지만 욥기에 나오는 수많은 질문을 나열하는 방식도 욥기적이다. 흰 눈의 저장고, 우박 창고는 하느님이 지상에 뿌릴 눈과 우박의 원형을 보관해 놓은 곳이다. 이 원형의 우박과 눈은 지상에 나오는 순간 본모습을 잃어버린다. 화자는 그 적나라한 원형을 '얼음의 알몸'이라 부르고 있다. 그러나 지상의 얼음은 자신의 정체성을 안정된 상태로 유지할 수 없다. 계

속 녹아내리는 얼음이 원형일 뿐이다. 그렇기에 우박 창고에도 원형이 고스란히 보존되어 있을 것이라고 믿는 것은 우리의 착각일 뿐이다. 그래서 인간은 "다 녹아서 흘러가 버린 우박 창고에 우두커니/서 있"는 존재이고 그것이 바로 '얼음의 알몸'이다.

글러브에서 탁탁 두드려진 달이 플레이트를 떠나려할 때
방망이가 철가면에게 보내는 싸인
빨리 끝내고 목욕이나 하러 가자
공이 명왕성 방향에서 날아오르는 것을 그는 가장 좋아한다
산봉우리 하나만큼 큰 허벅지가 들리워지고
달이 떠오른다 그가 방망이를 높이 들어올리면

그러나 이 달은 피칭 머신에서 나오는 것
그는 이미 순서를 다 외우고 있다
커브 다음은 그가 한번도 때려 본 적이 없는
170키로 이상의 직구
실내 야구연습장 친구들은 이 공을
'달이 뜨지 않는 밤'이라 부른다

누군가 '달이 뜨지 않는 밤'을 두드린 모양이다
관중석에서 출렁거리던 수천의 강이 일어섰다 앉는다
달이 그 천개의 강에 하나하나 도장을 찍어 주고 간다
다음 타자는 계곡에서 미끄러지다가 돌부리에 걸린다 발이 젖는다
오늘은 개기월식날처럼 하늘이 붉다

이번 달엔 29타석 노히트 최대의 슬럼프다
마지막 떠오르는 공도 붉다 이 직구는 흔들흔들 술취한 놈처럼 온다
바다는 고향 집 대문 앞까지 부풀어 있을 것이다

—「月印千江之曲」부분(『달력 공장 공장장님 보세요』)

「월인천강지곡」은 야구 연습장의 야구공과 달의 이미지를 기교적으로 다루고 있지만, 기본적으로 정체성의 문제와 관련되어 있다. 달이 정해진 순서에 따라 변화하듯이, 피칭 머신의 야구공도 정해진 프로그램에 따라 구질이 반복된다. 달이 뜨면 수천의 강에 달이 찍히듯이, 날아가는 공은 환호하는 관중의 마음에 각인된다. "29타석 노히트"는 그믐달이기에 존재/비존재의 상태라서 공을 칠 수 없음을 말한다. 이런 재미있는 기교 속에 "몸 속에 흐르는 천 개의 강," "갇혀서, 갇혀서 흐르는 강"이 슬며시 들어온다. '나'는 이 출렁거리는 천 개의 강을 가두고 있는 존재이다. 각각의 강이 모두 달을 하나씩 품고 있듯이 수많은 나는 출렁거리며 넘쳐흐르려 하지만, 결국 도루할 수 없다.

「또 하나의 타이타닉호」와 「불가살」은 일상성 속의 여성의 정체성 문제를 다룬다.

솥이 된 '또 하나의 타이타닉호'
1911년 건조되었고, 선적지는 사우샘프턴
속력은 22노트, 여객선, 한 번 항해에 2천명 이상 탑승한 경력
내가 결혼한 해에 해체되었으며

지금은 빵 굽는 토스터, 아니면 주전자, 중국식 후라이팬,
한국식 압력 밥솥이 되었다
상처투성이의 큰 짐승
육지 생활에 여전히 적응 못하는 퇴역 선장
그래서 솥이 되어서도
늘 말썽이 잦다
나는 밥하기 싫은 참에 압력 밥솥 회사에 항의 전화를 걸었다
자꾸 김이 새잖아요?
내가 씻은 쌀이 도대체 몇 톤이나 될까. 새벽에 일어나 쌀을 씻고, 식탁을 차리고, 다시 쌀을 씻고, 솥을 닦고, 숟가락을 닦고, 화장실을 닦고, 다시 쌀을 씻는다. 닭의 뱃속에 붙은 기름을 긁어내고, 쌀을 씻고, 생선의 내장을 꺼내고, 파를 다진다. 다시 쌀을 씻는다. 망망대해를 떠나는 배, '또 하나의 타이타닉' 표 압력 밥솥, 과연 이것이 나의 항해인가. 리플레이,리플레이,리플레이
우리 집에 정박한 한국식 압력밥솥 '또 하나의 타이타닉호'
불쌍해라, 부엌을 벗어난 적이 없다
― 「또 하나의 타이타닉호」 부분(『달력 공장 공장장님 보세요』)

내 불가살은 저 태평양에 두고
내 뻐꾹새는 저 티벳에 두고
내 나무늘보는 저 아마존 밀림에 두고
밥하고 강의하고 이렇게 늙어간다

내 손가락은 저 툰드라 침엽수에 묶어두고

내 눈동자는 저 북극 눈더미 속에 파묻어두고
내 가슴은 저 태평양 심해 속에 녹거라 두고
나 이렇게 밥 먹고 잠자고 술 마시고 심지어 웃기까지 한다
(…)

그러니 자꾸 찾아오지 마라 내 불가살아 발광 불가살아
너는 밥풀떼기로 만들어졌다고 했지
집채만큼 산봉우리만큼 커진다고 했지
밤이면 너 그리워 지린 눈물
침대 밑이 시궁창이 되었다 해도 거슬러오지 마라
이 시궁창은 네가 살 곳이 아니다
네가 자꾸 찾아오면 나는 머리에 별을 꽂고
내 몸속에서 세상의 모든 밤이 터질 거다

— 「불가살」 부분(『당신의 첫』)

먼저 「또 하나의 타이타닉호」는 밥솥으로 상징되는 일상성 속에 매몰된 여자, 즉 "솥이 된 여자"의 문제를 다룬다. 일상 속에서 '리플레이'만 반복하고, 부엌을 벗어난 적이 없는 여자의 삶이란 침몰 중인 타이타닉호일 것이다. 「불가살」에서는 죄수의 밥풀떼기로 만들어진 '불가살'이라는 존재가 여성의 구원상으로 치환된다. 밥풀떼기라는 일상성으로 만들어진 존재이건만 불가살은 영원한 존재이다.

그러나 이런 정체성의 문제는 여성의 문제만은 아닐 것이다. 스케치만으로 존재하는 정체성은 더욱 그러하고, 일상성도 마찬

가지다. 일상 속에서 리플레이만 하는 것은 인간 존재 공통의 운명일 뿐이다. 그 공간이 어디냐가 문제일 뿐이다. 마찬가지로 밥풀떼기로 만들어졌지만 초월적인 존재가 되고 싶은 것은 여성만이 아니라 인류의 꿈이다.

일상성 속에서 정체성의 문제를 세련된 방법론으로 다루는 1990년대 이후의 김혜순의 시는 안정적이다. 극악한 현실에 적응할 수 없었던 방법론이 이런 문제에는 적합하기 때문이다. 소재를 낯설게 만드는 방법론 때문에 시가 난해한 것은 틀림없으나, 그것은 난해함이 아니라 일종의 전략적 미숙함이라 할 수 있다. 가령「그녀, 요나」에서 아기를 낳는 상황을 끌어들인 것은 시에 보이는 의도에 비추어 볼 때 불필요하다. 그리고 원초적인 그리움도 정체성의 문제를 연애시로 오해하게 만든다. 그러나 이것은 시 전체를 하나의 더 안정된 질서로 만들려는 욕망이 만든 불만일 뿐이다. 시를 안정된 질서 밖에 두려는 이 전술을 전략적 미숙함이라 부를 수 있다.

3. 남은 과제

결국 방법론은 현실과 행복하게 만날 수 없는 것일까. 모더니즘에서 정치성은 어떤 방식으로 구현되어야 하는가 하는 문제는 여전히 해결되지 않았다. 김혜순의 1980년대 시가 어떤 식으로든 그 답을 줄 수 있을 것이지만, 원고의 성격상 그것에 본격적으로 다가가지 못 하였다.

개인적으로 김혜순의 시에 관심을 갖는 것은 이런 문제를 해결하기 위한 것이다. 그래서 1990년 이후의 안정되고 완숙한 시들보다 1980년대의 다소 거친 시들에 더 주목하게 된다. 차후 이 문제를 다시 다룰 수 있게 되기를 바랄 뿐이다.

(『시로 여는 세상』, 2011, 여름)

환상이 세계에 이르는 아늑한 길
서안나 시의 시적 진화

1. 메타적 감각과 시적 진화

　서안나 시인의 시는 깊이와 폭을 확장해 가는 방식으로 진화하고 있다. 그리고 그런 진화는 앞선 시기에 터득한 장점을 최대한 살리며 새로운 영역을 모색해 가는 방식으로 이루어지고 있다는 점에서 주목할 만하다. 지난 시적 모험의 가치를 껴안고 그것을 새로운 모험의 추진체로 삼아 한층 고양된 단계로 올라서는 지혜가 그녀의 시를 돋보이게 한다.
　근래의 우리 시단은 유행에 민감한 시인들로 가득 차 있다. 자신의 시적 행로에 대한 반성 없이 유행을 쫓아다니다가 어느 순간 아무렇지도 않게 그런 시도를 폐기처분해 버린다. 이것은 지난 모험을 헛수고로 선언하는 일에 불과하다. 이는 우리 시단에 자신의 시적 행적에 대한 메타적 감각이 없는 즉흥적인 시인이 많음을 의미한다. 시적 성향의 선택이 이념 선택이 아님에도 마치 전향하듯 과거를 처리하는 것이다.

이런 경향은 아마추어 시인이 아니라 프로급의 시인에서도 마찬가지로 나타난다. 대부분은 순정한 서정시로의 전향이었다. 위악적 자기 폭로에서 착한 서정주의로 돌아선 이성복, 강렬한 민중적 실험주의에서 달콤한 서정시로 귀결한 황지우. 최근에 이르면 모던한 실험성에서 몰랑몰랑한 서정시에 안주한 함민복 등. 그 외 최근의 젊은 시인들은 이른바 느와르적 환상을 다루는 잔혹시 일색으로 나아가다가 이제 한풀 꺾여 서정시 주위를 다시 기웃거리고 있다.

이들은 시적 과거를 방법론적으로든 의미론적으로든 절연한 상태다. 일종의 단절로 기록될 이런 불연속성은 변화 이전과 이후의 작품을 양자택일하기를 강요할 것이다. 앞에 예로 든 시인들의 시도 마찬가지다. 이미 어느 한쪽 경향의 시는 폐기되어 버렸다. 이성복, 황지우는 초기의 시만 살아남았고, 함민복의 경우는 후기의 것만 살아남을 것이다. 최근의 젊은 시인들의 시도 이후 특별한 시적 진전이 없다면 근래의 잔혹시만 잠깐 기억될 것이다.

이런 관점에서 보자면 서안나 시인은 자신의 시 쓰기에 대한 메타적 감각을 지니고 있는 우리 시단에서 몇 안 되는 시인이라 할 수 있다. 시단의 유행을 추종하기보다는 자신의 시적 가능성을 최대한 발현하려는 방향으로 자신의 시적 지향을 조정하는 진지한 자세는 작품 속에서 뚜렷하게 감지된다.

2. 푸른 수첩에 적힌 공용어

서안나의 최초의 발성법은 모던한 영토에서 시작되었다. 그녀가 등단한 1990년 당시는 리얼리즘의 거대 담론이 퇴조하는 시기로서 참여시에서 서정시로 시적 전회가 한창 이루어지던 시기였다. 이때를 대표하는 시인이 김기택 시인이다. 그는 묘사 위주의 섬세한 작품으로 메시지 중심의 거대한 발성법의 토대를 허물었다.

이런 전환기에 그녀는 이 두 세계를 거부하고 제3의 영토라 할 수 있는 모던한 감각의 작품을 들고 나왔다. 첫 시집(『푸른 수첩을 찢다』)의 대표적인 시들이 이런 영토에서 자라고 꽃을 피운 식물들이다.

그대는 밤마다 이별을 말하고 숲 속으로 사라진다. 그때마다 숲은 빙글빙글 돌면서 와르르 무너지고 잔광을 거느려 증발하듯 사라지는 그대 모습은 너무도 침착해 아름다워. 오늘도 어스름이 내리고, 시계가 걸린 벽 저편 무성하게 숲이 열리는데, 마른 풀꽃처럼 풀썩 이별을 말하고 천천히 사라지는 그대여. 그대의 말과 말 사이 불어오는 바람이 머리칼을 날리는구나. 내 갈비뼈 어디쯤에선가 하얀 새가 길게 울며 날아간다. 내 머리칼을 쓰다듬고 안개 덮인 숲 속으로 새처럼 가볍게 사라지는 그대여. 사랑은 독약처럼 화려한 쓰라림이던가? 또 네가 사라진 벽 쪽의 어둠은 짙어 가는데, 난 네가 쓰다듬은 머리칼을 자르고 싶어 못 견디게 화가 나.

— 「머리칼이 길다는 것이 너무 화가 나」 전문

그녀의 등단작 중의 한 편이다. 등단 시기의 작품들은 대부분 산문으로 처리될 수밖에 없는 내용으로 이루어져 있다. 등단작 두 편 모두 산문풍이다. 산문풍은 서정시의 평화로운 행갈이가 보증해 주는 여유를 거부한다. 그래서 이런 시에는 서정적 문법과 다소 거리가 있는 문맥 일탈적인 구절들이 수없이 끼어들어 시의 일상적 독법을 뒤흔든다. 구체적인 상황보다는 여러 몽환적인 어휘들을 통해 내면적 진실에 접근하고자 한다. 이별이 주는 아픔은 "내 갈비뼈 어디쯤에선가 하얀 새가 길게 울며 날아간다"로 처리되어 독자의 개입을 무한정 허용하고 있다. 마지막에 감정을 노출한 것이 오히려 낯설게 보일 정도이다.

동그라미 속에서 출입구를 찾아 부지런히 헤매는 처음이자 끝인 그런 부유스름한 우윳빛 전구 하나 켜져 있을 법한 그런 틈 같은 끝나지 않을 것 같은 재즈가 부지런히 흘러나오고 빛이 줄줄 흐르는 푸른 가로등 아래서 시집을 읽는 소녀가 노래를 부르고 태극기가 철대문에서 펄럭거리고 그림자 속에 한 줄로 누워 있는 남자들의 벗은 어깨를 밟으며 꽃을 던지고 지나가는 그 소녀의 등어리가 다시 꽃으로 피는 그러다 내가 누운애기별꽃이 되어 버리기도 하는 그런 구멍으로 들어가 푸른 수첩을 찢으며 한 천년쯤 잠을 자다가…….
— 「푸른 수첩을 찢다 1」 전문

이 작품은 전체가 완결되지 않은 하나의 문장으로 이루어져 있다. 서정적인 호흡 조정의 거부이다. 말잇기 놀이처럼 끝없이 이어져 영원히 종결되지 않는 형식은 이 시의 중심적인 이미지의 하나인 우윳빛 전구와 밀접하게 연계되어 있다. 시인에게 이 세계는 전구와 같이 "출입구를 찾아 부지런히 헤매"지만 이미 출구와 입구가 하나인, "처음이자 끝인" 폐쇄적인 공간에 불과하다. 이런 세계에서 시인은 출구와 같은 '틈'이나 '구멍'을 꿈꾸지만 그것은 여전히 불안정한 현실의 연쇄에 밀려나 버린다. 이런 세계에서 유일한 위안은 '푸른 수첩을 찢는 일'이다. 이미 모든 가능성이 폐쇄된 세계는 '찢는 일'을 유일한 유희로 만들어 버리는 것이다.

환상은 이런 세계 인식에서 태어난다. '푸른 수첩'은 닫힌 세계에서 그녀에게 위안을 줄 몽환이자 환상이다. 이 세계의 근원적인 상태와 무관하게 과감한 단언으로 세계의 무질서를 쾌도난마처럼 명쾌하게 정리할 선지자적 음성은 거대 담론을 믿는 시인들의 몫이다. 한 마디의 단언도 불가능한 세계에서 최상의 발언은 환상적 발성법일 수밖에 없다. 경계가 불확실한 '부유스름한 우윳빛'의 세계에서 안개처럼 피어오르는 말들이 공용어가 될 수밖에 없는 것이다. 첫 시집의 주조를 이루는 서안나 시인의 모던한 발성법은 이런 세계 인식의 결과이다.

닫힌 세계에서 유일한 출구는 내면의 확장이며, 이때 내면은 환상의 공장이 된다. 이 세계에서는 '-하는,' '-같은'이라는 말이 무엇을 형용해 주든 문제가 없다. 뒤에 나오는 어느 명사 하나를 꾸며 주어도 되고, 그 뒤에 나오는 다른 명사를 동시에 꾸며 주어도 된다. 이 세계는 이미 "처음이자 끝인" 세계로서 정확한 분절이 불가능하기 때문이다. 환상의 존재 이유도 여기에 있다. 이런 환상성은 시의 공간을 확산시키며 제3의 영토를 둘러싼 국경을 더욱 확고하게 하였다.

3. 현실적인 차원에서 작동하는 환상

두 번째 시집(『플롯 속의 그녀들』)은 첫 시집의 환상성을 계승하여 구체성이라는 새로운 영토를 포괄한다. 환상이 모든 가능성이 폐쇄된 세계의 유일한 발성법이었는데, 이 시집에 오면 이제 구체적인 공간에서 울리는 새로운 발화 방식으로 진화하게 된다. 이제 환상성이 현실성과 만나기 시작하는 것이다.

> 쇼윈도의 불빛이 꺼지면 그녀는
> 옆으로 삐딱하게 틀었던 허리를 펴고
> 도시를 지탱하던
> 손가락 끝의 무게를 내려놓는다
> 푸른빛 콘택트렌즈 빼내고
> 오렌지 빛 가발을 벗고
> 도시의 위험한 각도들을 잠그고
> 맨얼굴로 집으로 돌아간다
>
> 스톱모션으로 정지되었던 하루가
> 그녀의 내부에 세제 거품처럼 부풀어오른다
> 집에서도 그녀는 온전한 각도를 유지해야 한다
> 세탁기를 돌리고 그릇을 씻고 아이들을 씻기고

브래지어를 벗고 팬티를 벗고
남편의 욕망을 씻긴다
열 달 만에 인간이 된 아이들을 몸에서 분리해내고
제 방문을 걸어 잠그는 아이를 서운해 해서도 안 된다
마른 빨래와 고지서와 싱크대와 침대에서
그녀의 밤은 물 묻은 그릇들처럼 차곡차곡 포개진다

이불을 목까지 끌어당긴다
퉁퉁 부어오른 다리를 꿈속으로 슬며시 집어넣는다
안전장치가 풀리는 그녀의 깊고 적막한 꿈
수류탄처럼 단 한 번의 손길로도 온 몸이 날아가버릴
즐거운 마네킹들
랄라, 즐거운 마네킹들
파열이 즐거운 마네킹들

―「즐거운 마네킹들」 전문

  이 작품은 쇼윈도의 마네킹이 굳은 표정과 자세를 풀고 맨얼굴로 돌아오는 환상적인 설정으로 시작한다. 이것은 여성의 사회적 노동을 표현한 것으로, 여성의 노동은 수동적이고 정적인 것임을 시사한다. 누군가의 지시에 따라 하나의 자세를 유지해야 하는 사회적 규범이 마네킹과 같은 여성의 자세를 낳고 있다는 의미다. 그런 여성에게 일상은 "스톱모션으로 정지되었던 하루"에 불과하다. 살아 있는 시간이 아니라 정지된 채 죽어 있는 시간에 지나지 않는 것이다. 맨얼굴로 돌아와도 그녀는 여전히 새로운 각도의 자세를 강요당한다. 즉, "집에서도 그녀는 온전한 각도를 유지해야 한다"는 것이다. 여성은 이런 세계에서 파열을 꿈꾸는 마네킹에 불과하다. 이 마네킹은 누군가의 발들이 가득한 여성의 몸이 되기도 한다.

> 죽은 곤충의 몸을 찢고 자라는 버섯을 보았다
> 곤충의 생애를 조금씩 삼키는 동충하초
> 곤충의 몸을 갈라보면
> 버섯의 오래된 발들이 가득 차 있다
>
> 나는 한 켤레의 낡은 구두
> 언제부턴가 그가 나를 끌고 다닌다
> 나의 허술한 틈을 정확하게 기억하는 그는
> 나의 과거이며 미래이다
> 나는 흐릿한 경계들의 연속에서
> 불온한 결핍으로 그를 욕망하곤 했다
>
> 내 몸 구석마다 작은 서랍들을 열고
> 체취와 땀방울과 머리카락을 심어 놓은 그는
> 덩어리처럼 풀려 본 적이 없는 끈
> 천천히 부풀어 오르는 그를 몰락이라 명명하기로 한다
>
> 내 몸을 열어보면
> 그의 피곤한 발들이 가득 차 있다

―「동충하초에 관한 하나의 편견」전문

　이 세계는 여성에게 마네킹이거나 구두이기를 강요한다. 각종 안전장치로 안전하게 경직되어 있는 세계 속에서 시인은 깊은 꿈을 통해 그 빗장을 열고 해방 공간을 만들어 낸다. 그러나 이런 눈물 어린 노력으로 이룩한 공간 역시 현실적 한계로 인하여 여전히 적막할 뿐이다. 완전한 '푸른 수첩'은 불가능한 것임을 시인 역시 인지하고 있기 때문이다.
　이런 시들은 이전의 시와 연계되어 있다. 몽환과 환상으로서의 이전의 '푸른 수첩'은 "안전장치가 풀리는 그녀의 깊고 적막한 꿈"으로 다시 태어난다. 정확한 분절이 불가능한 "처음이자 끝인" 이전의 세계는 여기에서 "흐릿한 경계들의 연속"의 세계로 나타난다. 그러나 이런 연속선상에서 미묘하지만 현격한 차이가 분명하게 존재한다.
　이전의 불투명한 세계가 구체성을 획득하면서 환상은 현실적인 차원 위에서 작동하게 된다. 환상이 구체적인 현실과 결합하는 단계에 이른 것이다. 이런 단계에서 화자와 발화는 구체성을 획득하게 된다. 이제 시인은 모호한 발화자가 아니라 현실 속에서 고난을 감수해야 하는 구체적인 여성이 되고, 세계는 남녀의 문제를 관료적으로 처리하는 자본주의적 현실이 되는 것이다.
　환상성이 현실성을 획득하면서 그녀의 시는 더욱 설득력을 지니게 되었다. 이전의 환상성이 지닌 장점이 계승되어 현실의 문제를 새로운 각도에서 조명할 수 있게 해준 것이다. 일상화되고 자동화된 현실은 그 자체로 낯선 것으로 다가오지 않는다. 자동화된 세계의 무지각적 연쇄 고리를 끊는 데 서안나 시인은 환상성을 적극적으로 활용하여 시적 성취를 이루어 내었다.

4. 폭과 깊이를 더하는 환상상과 현실성

근래에 들어 서안나 시인의 시는 환상성과 현실성의 가치를 십분 확장시켜 가고 있다. 이제 환상성과 현실성의 만남은 더욱 세련되어 서정적 안정성을 획득하게 된다. 서정적 안정성이란 모든 가능성이 폐쇄된 세계를 돌파하는 하나의 방법론이 획득되었을 때 비로소 나타난다. 지금까지 서안나 시인에게 이 세계는 부정의 대상이었다. 부정의 대가로 얻은 것이 환상성이었지만 그 때문에 세계는 시인에게 적대적인 공간으로 괴리되어 있었다. 환상에 바탕을 둔 서정성은 그것을 친화적인 공간으로 만들어 새로운 차원의 극복이 가능하도록 만들었다. 다음 시를 보자.

 지상에서 남은 일이란 한여름 팔작지붕 홑처마 그늘 따라 옮겨 앉는 일

 게으르게 손톱 발톱 깎아 목백일홍 아래 묻어주고 헛담배 피워 먼 산을 조금 어지럽히는 일 햇살에 다친 무량한 풍경 불러들여 입교당 찬 대청마루에 풋잠으로 함께 깃드는 일 담벼락에 어린 흙내 나는 당신을 자주 지우곤 했다

하나와 둘 혹은 다시 하나가 되는 하회의 이치에 닿으면 나는 돌틈을 맴돌고 당신은 당신으로 흐른다

삼천 권 고서를 쌓아두고 만대루에서 강학(講學)하는 밤 내 몸은 차고 슬픈 뇌옥 나는 나를 달려나갈 수 없다

늙은 정인의 이마가 물빛으로 차고 넘칠 즈음 흰 뼈 몇 개로 나는 절연의 문장 속에서 서늘해질 것이다 목백일홍 꽃잎 강물에 풀어쓰는 새벽의 늦은 전언 당신을 내려놓는 하심(下心)의 문장들이 다 젖었다

— 「병산서원에서 보내는 늦은 전언」 전문

이 작품은 병산서원이라는 구체적인 공간을 배경으로 하고 있다. 그러나 시인에게 이 공간은 자신과 괴리되어 있지 않고 마치 이곳에 오래 살아온 집 주인이 대하듯 낯익은 것으로 되어 있다. 이것을 가능하게 한 것이 환상이다. 그러나 과연 이때 환상은 필수적인가 하는 의문을 해결해야 한다. 이것은 그녀가 환상을 중요한 시적 방법론으로 삼는 이유를 해명하는 일이기도 하다.

이 작품에 등장하는 입교당, 하회, 만대루 등은 병산서원과 관련 있는 구체적인 이름들이다. 오래되어 텅 빈 이 공간은 이미 관광의 대상이 되어 버린 곳으로, 박물관의 유리 속에 놓인 생명 없는 고전적인 공간이다. 이 죽은 세계를 현실에 어떻게 다시 불러올 것인가. 첫 시집에서라면 시인의 내면에서 이 세계를 모호하게 처리할 것이다. 두 번째 시집에서라면 이 공간을 비판의 대상

으로 몰아세울 것이다. 이제 시인은 그렇게 하지 않는다.

  시인은 서정적 환상을 통해 이 전시적인 공간을 살아 있는 세계로 만든다. 이런 방법론을 통해 사람 냄새가 나는 늙은 정인인 선비가 병산서원을 살아서 거니는 것이다. 선비는 팔작지붕 홑처마 그늘을 따라 옮겨 앉으며 한여름의 뙤약볕을 피하고, 입교당 대청마루에서 낮잠을 자고, 만대루에서 강학을 하는 것이다. 환상이 죽은 세계를 생생하게 살려 놓고 있으며, 그것은 전혀 억지스럽지 않다. 그 환상이 서정적인 톤으로 처리되어 시적 분위기는 훨씬 세련된 것으로 느껴진다. 이런 세련성은 최근에 시인이 몰두하고 있는 '나의 천축국' 연작에서도 잘 드러난다.

  나는 본디 계림의 사내 아비를 지우고 어미를 돌려세워 하늘과 땅을 갈라 계림을 떠나왔다

  마하보리사를 나서는 남천축국의 밤 마음이란 펼치면 손으로 석자요 접으면 아픈 만큼 가깝다 뒤돌아보면 내가 모래 산처럼 지워지고 있다 나는 흙의 처음이며 마지막이다

  죽어가는 제 몸을 들여다보는 눈이 젖은 짐승들 모래바람 속에서 살을 빠져나가는 울음소리가 들린다 이번 생은 어떤 형상으로 우주의 한쪽으로 기울어질 것인가

  이국의 풍경 밀어놓고 시퍼런 칼 갈아 머리 깎으면 마가다국 강 한쪽에서 내 눈이 환해진다 나는 내 몸을 보지 못하므로 내 눈물을 이

해할 수 있다

　　나는 나의 안이며 길의 바깥이다

　　　　　　　　　　　　　　— 「나의 천축국 1」 전문

　이 시는 천축국으로 구도의 길을 떠난 혜초의 시선을 가져와 정체성과 삶의 문제를 새롭게 보여 주고 있다. 이전에는 관심도 없었고 또한 쉽게 풀어낼 수도 없었던 삶의 본질에 대한 깊이 있는 발화는 시인으로서 반드시 치러야 할 의무 조항의 하나이다. 시인은 근래에 와서 이 의무를 성공적으로 해내고 있다. 시인은 이를 위해 고전적인 세계를 주로 활용하고 있다. 그러나 중요한 것은 고전적인 가치가 아니라 각각의 표현에 담긴 인식의 깊이이다. 병산서원이나 혜초를 다룬 이들 시에는 삶의 원숙함에서 나온 그 깊이가 환상 속에 잘 어우러져 있다. 세련성은 바로 이런 인식의 깊이에, 그리고 환상의 안정된 처리에 많이 빚진 것이라 할 수 있다.

　서안나 시인의 시선은 고전적이고 전아한 세계에만 초점을 맞추고 있는 것이 아니다. 그녀가 구체적인 현실성을 포기하지 않고 있기 때문이다. 고전적 세계의 등장도 이런 현실성의 심층적인 차원의 드러남으로 이해하는 것이 옳을 것이다. "하나와 둘 혹은 다시 하나가 되는 하회의 이치"(「병산서원에서 보내는 늦은 전언」)나 "나는 나의 안이며 길의 바깥"(「나의 천축국 1」)이라는 표현이 겨냥하고 있는 것도 이념의 문제로 균열된 세계에 대한 인식을 담고 있기 때문이다. 구체적인 현실이 등장할 때도 그 시선은 여전히 환상적이고 여전히 서정적이다. 그러면서 현실의 문제에 대한 긴장의 끈은 놓지 않는다.

> 마른, 밥, 알을 입에 문 여자가, 204호에서, 죽은 쌀벌레처럼 웅크린 채, 발견, 되었다, 죽음의 내, 외부가 공개되었다, 쌀도, 가족도, 유서도, 없었다, 죽음의, 원, 인과 결, 과만 남았다, 수사기록에는 그녀의 몸에서, 감춰두었던 울음이, 벌레처럼 기어 나왔다고 쓰여 있다, 형사와, 의료진과, 앰뷸런스와, 동사무소 직원이, 그녀를 죽음, 안쪽으로 밀어 넣었다, 그녀가 이승에서, 단순하게, 떨어져 나갔다, 이승의 반대편으로 앰뷸런스가, 떠나고, 형사와, 동사무소, 직원이, 가정식, 백반을, 들며, 소주를 마신다, 골목의 소음들을 한 모금에 꿀, 꺽, 삼킨다, 식당 주인이, 파, 닥, 파, 닥, 부채를, 부치고, 있다,
>
> ─「어떤 울음」 전문

이 작품은 이 사회에서 소외된 한 여인의 죽음을 환상적인 톤으로 그려내고 있다. 형사와 의료진과 동사무소 직원이 한 사람의 죽음을 다루는 방식은 이 세계의 인간 조건의 고발이다. 이 고발이 몸에 감추어 두었던 울음을 풀어내듯 담담하고 자연스럽게 이루어지고 있어 그 비극성은 극대화된다. 이 시의 독특한 공간은 경직된 참여시도 단순한 서정시도 범접할 수 없는, 서안나 시인만이 구축할 수 있는 새로운 공간이라는 점에 주목해야 한다. 그것은 환상성과 현실성의 만남이 더욱 깊어지고 세련되었다는 표지로 읽어야 한다. 그래서 정치적인 현실을 다룰 때에도 그녀의 시는 안정된 구도를 유지할 수 있게 된다.

구령에 맞춰 국민체조를 했고
체조의 열 번째 항목은 몸통운동의 노젓기였다
우리는 친절한 세상으로 나아가는 법을 배웠다

매달 15일이면 민방공훈련을 받았고
공산당 얼굴에 뿔을 그렸다
공포는 얼굴로 드러났다

대통령의 서거 소식이 호외로 뿌려졌다
사이렌 소리에 맞춰 70년대식으로 묵념을 했다
선생님들이 아이들의 고개를 꾹꾹 눌렀다
눈물을 흘리는 아이들이 몇 있었고
눈물이 나지 않는 아이들은 죄의식에 시달려야 했다
눈물은 가장 솔직한 문장이었다
학교가 끝나면 우리는 아이들이 되어 흩어졌다

―「신성한 교실」부분

 이 작품은 특정 시기 파시즘적 국가 질서를 제련하는 공간으로서 그 역할을 충실하게 수행하였던 학교를 비판적으로 그리고 있다. 글의 흐름을 끊으며 등장하는 격언풍의 경구들이 이 작품의 비극적인 성격을 강화하는데, 이런 구절들은 환상성의 한 양상이라 할 수 있다. 이런 특성이 시의 해석이 완료되지 않은 상태로 남게 하여 현실을 지속적으로 주시하게 만든다. 환상성과 현실성의 세련된 만남이 서로를 빛나게 하고 있음을 여기에서 확인할 수 있다.

  서안나 시인의 시에서 환상성과 현실성은 절묘하게 결합되어 있다. 그녀는 초기시에서 발견된 환상성을 지속적으로 개발하여 구체적 현실성의 차원을 자연스럽게 포괄할 수 있게 만들었다. 최근의 그녀의 시적 성과들은 이런 방법론적 계승의 개화라 할 수 있다. 이것이 그녀가 도달한 최근의 시적 진화의 단계이다. 우리는 그 진화가 성공적이었다는 것을 여러 작품을 통해 확인할 수 있었다. 그러나 그녀의 시적 진화는 여기에 머물지 않을 것이다. 지금까지의 시적 행보로 볼 때 앞으로 그 진화가 어떤 깊이와 폭을 획득하며 나아갈지 기대를 가지고 지켜볼 만하다고 단언할 수 있다.

(『유심』, 2012. 12)

3부
희작, 정치와 놀기

풍자경(諷刺經) — 풍자의 본질에 대한 경전
'나꼼수'의 수사학 주해

1. 서문

이 글은 경전을 다루는 방식으로 쓰였다. 먼저 경전으로 삼은 본문이 있고 그 다음 이를 해설하는 주해가 뒤따른다. 눈 밝은 이라면 경전만으로 이미 그 뜻을 짐작할 수 있겠지만, 배움이 늦은 이를 위해 주해를 덧붙인다.

'풍자경'은 내가 몇 해 전에 정치의 혼란스러움을 피하여 동해 바닷가에 숨어 밤낮으로 정치적 분노를 삭이지 못하여 통음을 하며 떠돌 때 문득 얻은 것이다. 갑신년에 내가 초암 바닷가를 거닐 때 문득 어느 노인이 다가와서 묻기를 "그대는 난타산인이 아닌가?" 하기에 내가 그렇다고 하니, "나의 성은 나(羅)이며, 이름은 웅수(熊洙)니 속칭 곰수요, 호는 신랄(辛辣)이며 나이는 120인데, 태백산에 계신 난봉(蘭峰) 신형(神兄)의 명을 받고 공에게 이것을 전하러 왔노라." 하면서 문서 하나를 건네주었다.

겉표지에 '풍자경(諷刺經)'이라 되어 있어 내가 저으기 놀라 쳐다보매, "이는 옛날 환웅 임금 때 재상이던 대구라(大九羅) 선사께서 지은 비기로, 잦은 전란으로 여러 번의 유실을 겪었으나 이를 안타깝게 여긴 어느 선인이 필사하여 태백산 석벽 틈에 간직한 것을 난봉 신형이 발견하여 공에게 전하라 한 것인즉, 후일에 이것이 크게 쓰일 일이 있을 테니 비장하였다가 임진년이 되거든 세상에 공개하라." 하였다. 말을 마친 후에 갑자기 안개가 자욱하여 천지를 분간키 어렵더니 안개가 걷히고 난즉 노인의 간 곳을 모르더라.

풍자경은 한문으로 되어 있으나 천학비재인 내가 침식을 전폐하고 삼칠일에 걸쳐 옮겨 놓았으나 그 남은 뜻이 오히려 태산 같음이 오로지 한이 될 뿐이다. 만일 글의 내용에 흠이 있다면 이는 온전히 옮긴 나의 허물이니 경전을 탓하지 말고 나를 탓하기 바란다. 이제 임진년을 맞아 이 글을 내놓으매, 이는 우리 만년 역사의 일대쾌거가 아닐 수 없나니 강호제현의 질정을 겸허히 기다리는 바다.

임진년 정월 팔공산 아래에서 난타산인 자지(自識)

2. 풍자경 본문

풍자는 일종의 언어적 종양이자 화농(化膿)이니라. 풍자는 언어가 제 길을 유연하게 다니지 못할 때 생겨나는 언어적 정체 현상이니, 그 정체로 인하여 생긴 언어의 고름덩이니라. 흐름이 외부의 강요에 의해 멈추게 되면 내부는 외부와의 교섭을 통해 얻게 될 신선함과 생기를 잃고, 제 살을 제가 깎아 먹으면서 스스로 건강성을 상실하게 되나니 이는 세상의 이치가 그러함이라.

 그리하여 풍자의 언어는 부패와 상처의 언어일지니, 이 부패와 상처는 공격성으로 나타나느니라. 풍자라는 말의 '자(刺)'가 '찌른다'는 뜻일지니 어찌 우연이라 하리오. 이 공격은 언제나 자신보다 우월한 존재, 자신을 억압하는 존재를 향하나니, 그 존재의 참 얼굴은 조그만 모임의 사소한 개인이 아니라, 늘 지고한 권력관계의 최고 서열에서 발견되는 법이니라.

 공격할 대상과 공격하는 자가 존재함으로써 풍자는 이중적인 구조를 지니나니, 어디서나 풍자는 윗사람과 아랫사람의 대립을 기반으로 하느니라. 바로 이 점에서 풍자는 가장 대표적인 정치성의 수사학이라 할 수 있나니, 풍자는 인간 개인의 내면의 문제의식이 아니라 늘 사회적 환경과 엮인 문제의식에서 비롯하느니라. 바로 이런 특성 때문에 풍자는 많은 백성들의 바람과 연계되어, 바람처럼 곳곳으로 떠돌며 퍼져 나가는 것이니라.

 이리하여 풍자는 표현에 있어서도 이중성을 띠게 되나니, 이는 공격성이 어떤 언어적 경로를 택하느냐에 관한 것이니라. 풍자는 결코 그 공격성을 직접적으로 드러내지 않나니, '비꼼'이라는 풍자의 우리말 표현이 그 본질을 불을 비추듯 잘 보여 주는 바니라. 이는 비꼬기 전의 정상적인 의미가 표면에 있은 다음에 그것을 비틀어 놓은 오묘한 속뜻이 이면에 들어선다는 말이 아니랴.

 이 지상에 부정적 상태를 바탕으로 형성된 것은 자기 부정성을 궁극적인 목적으로 삼을 수밖에 없나니, 세상 이치가 또 그러함이라. 「서경」에 '형기우무형(刑期于無刑)'이라 하였으니, 즉 형벌의 목적은 형벌이 필요 없는 세상을 만드는 데 있다는 뜻이니라. 법이 부정성의 제도이듯이 풍자도 부정성의 수사학이니라. 다시 말하여 풍자는 풍자를 제거하기 위한, 풍자를 궁극적으로 소멸시키기 위한 수사학에 지나지 않음을 뼈에 새겨 잊지 말지어다. 풍자경의 목적도 궁극적으로 풍자경이 필요 없는 세상을 만듦이니, 오호라 그 때가 언제일 것인가.

3. 풍자경 주해

풍자경은 총 다섯 부분으로 나누어져 있으니 이것에 이름을 붙이면 첫째는 본질경(本質經)이요, 둘째는 정체경(正體經)이요, 셋째는 이중경(二重經)이요, 넷째는 어원경(語源經)이요, 다섯째는 부정경(不定經)이다. 본질경은 풍자의 본질을 다루고 있으며, 정체경은 풍자 대상의 정체를, 이중경은 풍자의 구조를, 어원경은 풍자의 어원을, 마지막으로 부정경은 풍자의 궁극적 한계를 다루고 있다. 이제 풍자경을 전해 준 나곰수 노인(이하 나 노인)의 말을 예로 들어 자세하게 주해하고자 한다(나 노인은 책을 전해 주면서 중언부언 왕실 비판을 많이 하였는데, 세상에 떠도는 말은 대개 그의 말이 퍼진 것이라 한다. 혹 식견이 낮은 이가 미친놈이라 오해할까 저어하여 서문에서는 간략하게 소개하였다).

먼저 제1장 본질경부터 살펴보자. 본질경은 경전의 첫 부분으로 풍자의 본질과 성격을 해명하는 부분이다. 경전에서는 풍자는 일종의 언어적 종양이자 화농(化膿)이라 정의하고 있다. 참으로 명쾌한 정의가 아닐 수 없다. 현대 언어학이나 의학, 그리고 이 둘의 융합 학문으로도 풀어내기 어려운 난제를 이렇게 단순 명쾌하게 정의하다니 옛 선인의 지혜에 새삼 고개가 숙여지지 않을 수 없다.

여기서 말하는 언어관은 절대 자유의 언어관이다. 몸속의 피처럼 돌고 도는 운동성을 언어의 존재 이유로 보고, 이것의 흐름이 막혔을 경우에 발생하는 문제 상황을 난치의 암에 비유하고 있다. 언어적 정체 현상은 언론의 암이다. 언어가 세상과 교류하지 않으면 속으로 썩어 가기 마련이다. 말이 세상에 자유롭게 돌아다닐 때에라야 그 사회가 건강하게 됨은 명약관화한 일이 아니랴.

나 노인이 풍자경을 들고 나온 이유도 여기에 있다. 천하에 듣도 보도 못한 천한 인간이 제왕을 하면서 세상의 강은 혼탁해지고 관리들의 부패는 극에 달하였다. 또한 언간 조중동(趙衆冬) 일가가 이 부패를 더욱 부추겨 포도청은 바른 말 하는 사람을 잡아 가두거나 겁을 주는 데 골몰하나니, 이에 많은 이들이 스스로 자신의 입에 재갈을 물리고 천하의 선비들은 모두 자기 검열의 도가니 속으로 빠져 들어갔던 것이다. 언로가 막히자 나라를 새롭게 짊어질 젊은이들이 올바른 현실 인식을 하지 못하는 지경에 이르게 되었다. 자고로 젊은이가 국정으로부터 눈을 돌리는 순간 국가의 위기가 도래하는 것이다. 이에 젊은이들은 정치에 대한 욕만 하고 무관심하게 되어 왕실의 부패는 더 극에 달하게 되는 악순환이 반복되었던 것이다.

풍자의 언어가 화농이자 암적 성격을 지니는 것은 흐름이 막힌 언어의 필연적 결과라 할 수 있다. 이 막힌 언어에는 고름 냄새가 난다. 나 노인이 즐겨 쓰는 '쫄지 마 씨바,' 혹은 조연오 경성부 포도대장 흉내를 내며 뭘 깠니 안 깠니 하는 수작 등이 그것이다. 이것에는 막다른 벽에 도달하여 퇴로를 차단당한 쥐가 내뱉는 최후의 발악 같은 그런 처절함이 묻어난다. 언간 조 일가는 이를 편파적 언사이며 단순 조롱이고 왜곡이며 경박함이라 하여 백성들의 공분을 산 바 있다. 나 노인의 언어를 이런 지경에까지 몰고 간 원인이 무엇이고 그 원흉은 누구인가를 생각해야 한다. 이 부분은 마지막 부정경으로 이어져 전체가 순환 고리를 이룬다. 참으로 교묘한 솜씨가 아닐 수 없다.

제2장은 정체경으로, 풍자 대상의 정체를 세상에 드러내는 장이다. 풍자의 언어는 부패와 상처의 언어로서 공격성을 본질적으로 지닐 수밖에 없으며, 이 공격의 대상은 권력의 최고 책임자임을 밝히는 혁명적인 부분이다. 이토록 강한 역성혁명의 정신이 담겨 있으니 풍자경은 수천 년 동안 지하에 비기로 전해질 수밖에 없었다.

풍자는 단순한 말장난이 아니다. 단순한 말장난은 그 언행을 개인적 행위에 국한시켜 정치적 현실을 보지 못 하게 한다. 그러나 풍자는 그 언어가 가 닿는 목표가 무엇인지 뚜렷하게 인식하고 있다. 풍자가 단순한 수사학을 넘어 위대해지는 것도 바로 이 때문이다. 그래서 풍자가 정치 현실에 주목하지 않으면 또한 단순한 말장난의 나락으로 떨어지는 것도 시간 문제인 것이다.

예부터 위대한 풍자가는 이 경계를 잘 알았기 때문에 불후의 문장을 남기었다. 설총의 「화왕계」가 그러하며, 연암 박지원의 「양반전」이나 「호질」 등의 문장이 그러하며, 개화기의 우화 소설이 그러하며, 왜국의 식민지 시기에 나온 여러 소설 등이 그러하다. 이들 모두 현상의 원인을 통찰하는 데 풍자의 본질이 있음을 잘 알고 있었다.

나 노인 또한 두렵게도 이 정체를 정확하게 말한 바 있다. 자신의 홧병의 모든 근원이 정치에 있고, 그 정치의 최고 책임자는 '가카'라는 말이 그것이다. 이를 들은 제왕이 대노하여 당장 나 노인을 감옥에 쳐넣으라 한 것은 불을 보듯 뻔한 일이였으매, 근래에 그의 수족인 갈대기(葛大起)가 감옥에 갇혔다 하니 새삼 통탄할 일이 아닐 수 없다. 그러나 나 노인의 말들이 세상에 흘러들어 이에 젊은이들이 세상의 이치에 눈을 뜨매, 근래 경성부윤을 갈아치우는 쾌거를 이루었으니 이 또한 무서운 일이 아닌가. 위대하도다, 풍자의 힘이여!

제3장 이중경은 풍자의 이중적 구조를 밝히는 부분이다. 풍자가 정치 경제적 현상에 기반을 두고 있음은 이미 2장에서 밝혀 놓았으니 이 장에서는 한 걸음 더 나아가 그것의 정확한 구조를 설명하는 부분이다.

이 장에서는 풍자는 처음 생길 때나 세상에 퍼질 때나 정치적 구조를 본질적으로 안고 있음을 설명하고 있다. 이런 성격을 잘 보여 주는 것이 『시경』에 나오는 풍자 개념일 것이다. 『시경』의 제일 처음에 나오는 시, 「관저」에는 시경 전체를 관통하는 해설이 하나 달려 있는데, 이를 '모서(毛序)'라 부른다. 즉, '모 씨의 서문'이라는 뜻이다.

> 윗사람은 풍으로써 아랫사람을 교화시키고, 아랫사람은 풍으로써 윗사람을 찌르는 바이다. 꾸밈을 주로 함으로써 은근하게 간하기 때문에, 이것을 말한 자는 죄가 없고 이것을 듣는 자는 충분히 경계로 삼을 만하다. 그렇기 때문에 풍이라 한 것이다(上以風化下, 下以風刺上, 主文而譎諫, 言之者無罪, 聞之者足以戒. 故曰風).

여기에서 풍자는 지배 계층과 피지배 계층이라는 계층 의식의 반영으로 보고 있다. 여기에서 이 '풍(風)'이라는 개념은 모호하다. '바람'이라는 일반명사이면서 '민요'라는 갈래 명칭이기도 하며, '풍자'라는 수사학적 개념이기도 하다. 어찌 되었든 풍자는 아랫사람, 윗사람이라는 이중적인 위계질서를 가정하고 있다는 지적이 중요하다.

그러나 이 글을 사대주의적으로 읽어서는 안 된다. 항상 비판적으로 살펴야 한다. 『시경』에서는 지배층에서 피지배층으로 내려가는 경우는 '풍화(風化)'로, 그 반대의 경우는 '풍자(風刺)'로 본다. 둘 다 넓은 의미의 풍자임에는 틀림없지만, 전자는 의미의 흐름으로 볼 때 지배층의 시선에서 덧붙인 것이 틀림이 없다. 그래서 후자만이 풍자일 수밖에 없다. 이전의 대학자 정약용도 "풍자야말로 창작의 근본 취지(若其風刺 則作者之本旨也)"라 한 바 있지 않은가!

나 노인의 통렬한 풍자는 언제나 정치 사회적 환경을 과녁으로 삼고 있다. 지도수(智盜水) 사건만 해도 그렇지 않은가. 누구나 다 이 사건이 단순한 것일 수 있다고 하였을 때 이 문제를 집요하게 잡고 늘어져 결국 포도청까지 나서게 되었으니, 나 노인의 통찰은 대단한 게 아닌가. 이는 평소에 풍자경을 외우고 있어 풍자가 늘 정치적 구조를 기반으로 하고 있음을 잘 인식하고 있었기 때문일 것이다.

제4장 어원경은 풍자의 정치적·사회적 배경이 언어 표현에도 그대로 반영되어 있다는 통찰을 담고 있는 부분이다. 혹자는 어원경이 제2장으로 와야 된다고 하나 이는 나무만 보고 숲은 보지 못하는 소치라 귀담아 들을 필요가 없다. 앞 장에서 중국 문헌을 들어 풍자의 특징을 설명한 연후에 우리말로 돌아감이니 이로써 풍자경에 담긴 자주정신을 잘 알 수 있다.

'비꼼'이라는 풍자의 우리말 표현은 그 표현 방식의 본질을 적나라하게 보여 준다. '비꼬다'라는 말의 옥편적 의미는 '노끈 등을 비틀어서 꼬다'이다. 비꼼은 즉 비틀어서 꼬는 행위를 말한다. 정면으로 제대로 하지 않고 비틀어서 일종의 왜곡을 가하는 행위가 비꼼의 선결 조건이다. 이 말로부터 '몸을 바로 가지지 못하고 비비 틀다,' '남의 비위를 상할 만큼 빈정거리다'라는 부차적인 옥편적 의미가 파생되는 것이다.

이로부터 비꼼 이전의 표면적 의미와 비꼼 이후의 이면적 의미가 이중적으로 존재한다. 최근 서국에서 들어온 책에 의하면 풍자는 서국어로 아이로니(我而路尼)니, 이는 연극에서 비롯한 것이라 한다. 서국 희극의 등장인물에 愛而論(eiron)이 있으니, 이 자는 겸손하고 약하지만 사실은 총명한 놈이라서 허세 부리는 강한 놈을 항상 골려 주고 이긴다 한다. 이놈의 겸손하고도 약한 듯한 말이 비꼬기 이전의 의미요, 그 속에 들어 있는 총명한 뜻이 비꼼 뒤에 감쳐진 진짜 의미라는 것이다.

나 노인은 항상 '가카는 절대 그럴 분이 아니다'는 말을 되뇐다. 이는 글자 그대로 보면 가카에 대한 대단한 칭송이 아닐 수 없다. 어떤 경우에도 주군에 대한 신뢰를 저버리지 않는다는 것이니, 주군에 대한 충정이 이보다 더 뛰어날 수 없다. 이는 사육신의 지절에 필적하는 드높은 경지가 아니던가! 이 말에 포도청의 포졸들도 그 충심을 믿어 의심치 않았던 것이다. 나 노인의 다른 말, '포도청 추산으로 따지면 우리나라 인구는 천만이 안 돼, 씨바'도 같은 말이다. 이 또한 포도청에 대한 신뢰로 읽히지 않는가.

이는 풍자의 이중성이라는 현묘한 작용 때문이다. 이 때문에 '모서'는 '꾸밈을 주로 함으로써 은근하게 간하는 것,' 즉 문식(文飾)을 풍자의 첫째 조건이라 하지 않았던가. 또한 우리말 비꼼도 '그 재료를 비틀어 꼬음'을 풍자의 기본적 조건으로 삼지 않았던가!

그러나 나 노인의 말을 곧이곧대로 받아들이는 자는 멍청한 포졸들이거나 궁벽한 산속에 사는 무지랭이들뿐이니, '가카는 절대 그럴 분이 아니다'는 말을 반복하면 할수록 그 반대의 뜻이 자꾸 강해짐은 어인 일이뇨. 이는 쥐를 그리는 그림 뒤에 제왕이 어른거리게 하는 신묘한 화법(畫法)과 같은 것이니, 말의 현묘한 작용이여, 크고 또 크도다.

마지막 제5장 부정경은 이 경전 중에 가장 난해한 부분으로 나로서도 확신을 가지지 못하는 부분이다. 풍자경의 목적이 풍자경 없는 세상을 목적으로 한다니 이런 이치를 이해하려면 얼마나 긴 수련이 필요할 것이며, 얼마나 깊은 아픔을 겪어야 될 것인가. 그러나 내가 엎드려 곰곰이 여러 나절을 읽고 또 읽으니 처음에 안개처럼 흐린 구절이 점차 밝아져 어느 순간 대낮처럼 훤히 드러나게 되었다.

  풍자가 지닌 부정성이란 결국 그 자신이 일종의 배와 같은 것이라는 말이다. 불경에서 불법은 사람을 피안으로 건네주는 수단일 뿐 강을 건너고 나면 배는 버리고 마는 것이라는 말이 이와 상통한다. 강을 건너고 나서도 배를 지고 가는 이는 미친놈이 아니겠는가! 풍자도 이 잘못된 세상을 건너는 하나의 수단일 뿐, 이 강을 무사히 건너면 풍자도 아무 미련 없이 버려야 할 뱃조각 같은 것일 뿐이다.

  나 노인이 늘 자신의 말은 가카가 물러나는 날까지만 유효하다고 한 말이 이 뜻일 것이다. 이전의 불평등과 부자유, 그리고 세상에 가득한 어둠을 제거해 줄 새로운 제왕이 등극하면 나 노인의 말은 더 이상 들을 필요가 없을 것이다. 저 나 시녀의 만금의 화장술 시비도 의미 없을 것이요, 비비개이(非非改異) 모략도 그 끝을 볼 것이다. 오호라, 그 때가 언제일 것인가, 정녕 언제일 것인가! 슬프다. 후세에 만일 이 책에 엎디어 우는 사람이 있다면 내가 넋이라도 한없이 기뻐하리라.

    임진년 정월 팔공산 아래 초당에서 축시에 촛불에 의지하여
                                   난타산인이 쓰다.

                                          (『문학의 오늘』, 2013, 봄)

청와대 납품용 봉황의자 사용설명서

1. 제품의 가치는 기능에 있다

　본사는 이번에 창사 이래 최대의 야심작으로 청와대 집무실에 들여놓을 봉황의자 두 개, 철수체어와 재인체어를 출시하였다. 이번 제품은 본사 최고의 전문가가 다년간 심혈을 기울여 만든 것으로 기존의 제품과 뚜렷한 차별성을 지닌다. 타사에서 만든 근혜체어가 있으나 일단 제품이 출고된 지 오래되었을 뿐만 아니라, 군데군데 나사가 헐거워져 불협화음을 내기도 하여 많은 소비자들이 반신반의하며 선택을 주저하고 있다.
　본사의 이번 야심작을 소개하기 전에 이런 유형의 제품을 선택하는 일반 소비자가 잘못 알고 있는 상식부터 짚고 넘어가고자 한다. 많은 소비자는 일반 제품과 달리 청와대용 특수 체어를 선택할 때에는 제품을 만든 목적에 현혹되기 쉽다. 제품 제작 목적은 철학이니 형이상학이니 뭐니 하는 말로 부르는 것이지만, 그것은 사용 방향을 결정할 뿐 제품의 구체적 기능을 평가하는 데에는 무력하다. 그래서 이런 제품의 철학은 개똥철학에 불과하다.

저번에 많은 소비자가 선택하여 청와대에 납품한 바 있는 MB체어의 제작 목적은 '돈벌이주의'였다. 이 제품만 들여놓으면 소비자가 저절로 많은 돈을 벌게 된다는 것이다. 소비자가 그 제품을 선택한 것에는 그 제품의 과거 이력, 즉 기존에 대기업에 납품되어 어느 정도 좋은 평가를 받았다는 사실이 많은 영향을 끼쳤다. 그러나 이런 개똥철학이 만든 결과는 개판이었다. 돈을 벌어 주는 것이 아니라 잦은 고장으로 소비자는 수시로 천문학적인 수리비를 치러야 했으며, 게다가 제품에 어울리지 않게 큰 강물에 휩쓸려 다녀 제 스스로 녹을 만들어 사용 기한이 1년 이상이 남았는데도 벌써 반품 요청이 쇄도하고 있다. 소비자가 선택한 봉황의자 중 보통 의자를 제작 목적으로 내세운 물태우체어 이래 최악의 체어가 되었다.

이것은 제품 제작 목적을 제품 선택의 최우선 기준으로 삼으면 안 된다는 최악의 사례이다. MB체어가 최악의 제품으로 평가되는 것은 바로 돈벌이주의라는 제작 목적과 실제 기능이 따로 놀았기 때문이다. 이전에 대기업에 납품된 경험 이면에는 오히려 제품 자체의 이익만을 위해서 최선을 다하는 모습이 숨어 있었고, 실제 기능도 소비자의 돈을 뜯어 제품 자체의 가치만을 높이는 것에 초점이 맞추어져 있었다. 겉으로 내세운 제작 목적은 철저하게 소비자 중심주의인 것처럼 내세웠으나 실제 기능은 이처럼 전혀 딴판이었던 것이다.

이런 문제점은 MB체어와 전혀 다른 공장에서 만들어진 제품에서도 마찬가지로 나타난다. 최근 일반 정당에 납품되어 문제가 되고 있는 진보 의자 정희체어를 보자. 정희체어의 제작 목적은 '평등주의'이다. 그러나 그런 개똥철학을 가지고 있음에도 그 기능은 MB체어의 기능과 다를 바 없었다. 그동안 가난한 동네에 중국산처럼 싼 맛에 납품되다가 모처럼 정당에 납품되니 그동안 나타나지 않았던 각종 하자와 비위생성 등이 줄줄이 드러나게 되었던 것이다. 개똥철학이 달라도 실제 기능 면에서는 아무런 차이가 없었던 것이다. 이런 정치용 특수 체어에 중요한 것은 그것의 제작 목적이 아니라 실제 기능이 얼마나 합리적으로 작동하는가 하는 점이다.

본사는 제품의 제작 목적에 크게 신경 쓰지 않는다. 제작 목적이라는 개똥철학은 제품 광고 기획사가 부풀려 놓은 과대광고에 불과하다. 특히 최근의 입찰 경쟁은 일종의 신화 싸움이다. 제품에 신화적인 이미지를 덧씌워 앙상한 뼈대밖에 없는 체어가 마치 두 발은 지상에 두고 머리는 별에 찰랑찰랑 부딪히는 거대한 신인 것처럼 선전한다. 이런 선동을 각종 미디어가 앞장서서 자발적으로 수행하고 있는 것이다. 비극적인 MB체어도 그렇게 탄생하였다. 이런 신화를 이기기 위해 또 다른 신화를 맞세워서는 안 된다. 신화의 적은 또 다른 신화가 아니라 냉혹한 현실 인식이다. 그 신적인 체어가 사실은 앙상한 철근을 용접하여 만든 초라한 의자에 불과하다는 것을 통찰하는 것이다.

봉황의자를 선택하는 올바른 길은 실제 기능이 무엇인지 철저하게 파악하는 것이다. 이것은 수년간의 스트레스를 방지하는 유일한 길이다. 기능에 대한 평가는 그것이 현실적으로 제대로 작동하여 소비자의 만족도를 최대한으로 높여 줄 수 있느냐 여부에 달려 있다. 소비자는 이제 신화를 덧씌우는 개똥철학에 대한 미련을 깨끗이 접고 최대한 기능이 정상적으로 작동되는지에 주목해야 한다. 물론 제품을 직접 사용하기 전에 그것을 제대로 알기는 어렵지만, 평소 작동하는 모습을 눈여겨보면 어느 정도 짐작할 수 있을 것이다. 최근 MB체어나 정희체어를 통해 소비자의 눈이 한층 더 높아지게 되었으니 본사로서는 천만다행이 아닐 수 없다.

2. 철수체어, '맥거핀'으로서의 기능

본사가 출시한 철수체어는 지금까지 나온 봉황체어 중 가장 기능적인 제품이라 확언할 수 있다. 일단 이 제품의 제작 목적은 '공동선을 위한 중도주의'라 할 수 있다. 이 제품이 지금까지 여와 야라는 두 가지 제품밖에 없던 시장에 나타나 소비자의 선택 폭을 높여 주었다는 점은 분명해 보인다. 철수체어도 시장의 속성상 결국 두 가지 제품군 중의 어느 하나로 분류될 수밖에 없겠지만, 현재 이 제품에 소비자들이 그만큼 기대를 거는 것은 그동안 양대 제조사 제품에 싫증이 났기 때문이다. 현재 이 제품은 어디에도 속하지 않은 순수한 체어로서 이름을 떨치고 있다. 본사가 이 제품을 내놓은 것도 바로 이런 틈새시장을 공략하기 위해서이다.

그러나 본사는 소비자들이 이런 제작 목적에 너무 현혹되어서는 안 된다고 솔직하게 밝힌다. 진짜 중요한 것은 이 제품의 기능이다. 이 제품은 봉황의자로 태어나기 이전에 시험판으로 몇 가지 기능을 시험해 본 적이 있다. 먼저 의과대학 교수용으로 사용된 적이 있다. 이 제품은 성실하게 모든 과정을 마치고 교수용으로 납품되었으며 그 기능이 더 훌륭하게 발휘될 것으로 기대되었지만, 거기에서 새로운 곳으로 옮겨진다. 따라서 의과대학 교수용으로서는 그 기능이 충분하게 검증되었다고 보기 힘들다.

새로운 곳은 바로 컴퓨터 바이러스 퇴치 프로그램을 만드는 벤처기업이다. 전혀 공통점이 없는 이 두 곳을 연결시키는 지점은 바이러스라는 이름이다. 기호적 상징에 불과한 이름이 실제로 존재하지 않았던 것을 탄생시킨 희귀한 사례이다. 이것은 이 제품의 가능성이 무한하다는 사실을 말해 준다. 상징적 유사성을 통해 자신의 능력을 무한 확장할 수 있다는 점을 확인시켜 주었기 때문이다.

벤처기업에 납품된 이 제품은 그곳에서 경영상의 기능을 제대로 수행하였다. 그런 성공으로 이 제품이 얻은 것은 경영의 세 가지 원칙이다. '회사는 한 사람이 할 수 없는 크고 의미 있는 일을 이루는 조직이다.' '자본주의 사회에서 기업은 함께 살아가는 사회를 풍요롭게 만들 수 있는 존재이다.' '수익이라는 것은 기업 활동을 열심히 한 결과다.' 여기에서도 제작 목적에 나온 '공동선'의 이념이 강조되고 있다.

개똥철학이라 할 이런 경영 원칙이 지금 설득력을 지니는 것은 이 제품이 경영상의 성공을 이룩하였기 때문이다. 기업 경영은 성패를 확실하게 확인해 주는 물질적 기준을 지니고 있기 때문에 성패가 분명하게 드러난다. 그리고 성공은 쉽게 신화가 된다. 따라서 본 제품의 성공 각인 효과는 앞으로 지속될 것이다. 즉, 경영 실패가 오지 않는 한 이 믿음은 계속 유지된다는 것이다. MB체어는 단 하나 바로 이런 성공에 기대어 청와대에 납품되었다. 따라서 이 점이 철수체어의 한계가 될 수도 있다. 이후의 성공은 모두 이 성공에 바탕을 두고 있기 때문이다. 이 성공이 무의미하다고 밝혀지면 그 이후의 모든 성공도 함께 무의미한 것으로 판명될 것이다.

지금 납품을 원하는 정치 공간은 철수체어가 거쳐 온 어떤 곳과도 유사성이 없는 곳이다. '바이러스'라는 언어의 동일성 하나로 의과대학 교수 자리에서 벤처 기업가의 자리로 옮겨 올 수 있었던 것은 어쩌면 행운이었을지 모른다. 현재 다시 교수의 자리로 옮겨 온 이 체어가 그 자리에 성공적으로 안착하였는지는 알 수 없다. 자신의 자리와 관련된 전문성이 드러나는 새로운 결과들이 제대로 평가되지 않았기 때문이다.

정치 공간에 한 번도 놓인 적이 없는 것이 이 제품의 최대 단점이다. 청와대는 이런 공간 중에서 최상의 장소이기 때문에 그 단점은 더욱 크게 부각될 수 있다. 정치적 기능은 지식 학습을 통해 이루어지기 힘들다. 다년간의 정치적 경험, 논리적 설득력으로 돌파할 수 없는 극한적 대립 상황에 대한 적응, 그로부터 얻게 되는 적절한 타협과 권모술수 등에 대한 통찰 등은 서적에서 얻을 수 없는 경험이다. 이것은 이론의 영역이 아니라 흩어지는 연기 분자처럼 그 다음이 예측 불가능한 실제의 영역이다.

경영의 공간은 적대적인 상대가 그 자리를 차지하기 위해 노리는 유일한 공간이 아니다. 그곳에서 상대는 익명의 다수이며, 그들이 노리는 것은 유일한 어떤 자리가 아니다. 수많은 과녁이 있기 때문에 각자 자신에게 가장 잘 어울리는 과녁을 설정하여 자신의 방식으로 성과를 내면 된다.

그러나 정치 공간은 다르다. 유일한 하나의 자리를 차지하기 위해 적대적인 존재가 언제나 빈틈을 노리고 있다. 한 번의 실수는 단순한 실패가 아니라 적이 그만큼 자신의 자리에 다가오도록 허용하였다는 뜻이다. 그 자리의 막강한 위엄 때문에 서로 공유하는 믿음이나 가치가 다르더라도 수많은 조직들이 아침저녁에 합종연횡을 밥 먹듯이 한다. 그 조직들이 새로운 신화를 만들고 소비자를 현혹시켜 최고의 자리에 입성하고자 한다.

또한 기업 경영과 달리 정치 공간에서는 어떤 주체도 절대적인 판단을 내리고 그것을 바로 실행에 옮길 수 없다. 여러 번거로운 절차와 복잡한 변수들이 기다리고 있다. 본 제품에 이런 문제들을 풀 수 있는 기능이 있는가 의심해 볼 만하다. 본 제품은 지금까지 혼자서 최종 결정을 내릴 수 있는 그런 자리로만 옮겨 다녀왔다. 교수의 자리도 경영자의 자리도 그런 곳이다. 철수체어는 지금 최고의 실험대에 올려져 있다.

따라서 본사는 철수체어의 최고의 기능은 '맥거핀'의 기능이라 분석하고, 이것을 적극적으로 사용할 것을 추천하는 바이다. 맥거핀이란 지젝이라는 사람이 만들어 낸 개념으로 "이야기를 가동시키는 역할만을 하고 있는, 하지만 그 자체로는 아무것도 아닌 순수한 기능"을 가리키는 개념이다. 지젝이 드는 예를 그대로 옮겨 보자.

두 남자가 기차에 앉아 있다. 그 중 한 명이 묻는다. "저기, 짐칸에 있는 꾸러미는 무엇이죠?" "아, 그거요. 맥거핀이에요." "맥거핀이 뭐죠?" "아, 그건 스코틀랜드 고지방에서 사자를 잡을 때 쓰는 장비예요." "그런데 스코틀랜드 고지방에는 사자가 없는데요." "아, 그럼 그건 맥거핀이 아니에요." 좀더 딱 들어맞는 또 다른 판본이 있다. 나머지는 동일하고 마지막 대답이 다른 것이다. "그래도, 그게 얼마나 효과가 있는지 몰라요." 그게 바로 맥거핀이다. 순수한 무(無)이지만 효과는 확실한 것(지젝, 『이데올로기라는 숭고한 대상』).

현재 철수체어는 청와대의 납품을 기다리는 한 개의 의자에 불과하다. 그러나 공식적으로 청와대에 납품한다는 사실을 한 번도 밝힌 적이 없다. 즉, 정치 공간에서 이 체어의 실재는 제로이다. 전혀 존재하지 않은 것이다. 그럼에도 그 효과는 엄청나게 확실하다. 소비자들의 최고 선호 대상의 하나로 인구에 회자된 지 한 해가 넘었다. 그리고 그 지속성은 조금도 의심 받지 않는다. 이것이 바로 맥거핀의 기능이다. 철수체어는 확실히 이 맥거핀의 기능을 가지고 있다. 정치 공간에 존재하지 않지만 효과는 실제적으로 확실한 기능이다.

그러나 맥거핀의 기능은 그것이 어떤 공간에 실재할 때 하나의 거품으로 사라져 버릴 수도 있다. 그 효과는 철저하게 실재가 모습을 드러내지 않았기 때문에 생긴 것이다. 따라서 모습을 드러내면 그 효과는 자연스럽게 사라져버리게 된다. 이때 필요한 것은 이 기능을 적절하게 활용하는 방식이다.

그것은 바로 맥거핀의 확실한 효과를 이용하여 다른 제품을 파생시키는 방식이다. 부재를 통해 형성된 확실한 효과는 자신이 실재로서 나타나는 대신 다른 것을 대리로 내세울 때 지속될 수 있다. 이 기능은 이미 성공적으로 사용된 적이 있다. 서울시장 자리에 원순체어를 성공적으로 납품한 것이 그것이다. 원순체어의 가치는 소비자들에게 전혀 인식되지 않았다. 그런데 철수체어의 맥거핀 효과가 원순체어에 전이되자 그것은 일순 유명 상품으로 주목받게 되었다. 그 결과 납품이 성공적으로 이루어지게 된 것이다.

그렇다면 청와대 납품은 어떻게 될 것인가. 본사는 이 제품의 기능을 고려해 볼 때 이번에도 청와대에 바로 납품시키는 것이 무리일 수 있다고 판단한다. 곧장 청와대 납품이 이루어질 가능성도 없지는 않지만, 그것보다는 맥거핀적 기능을 십분 활용하여 그 효과를 다른 체어에 전이시켜 대리로 납품하는 것이 더 효과적이라 판단한다. 물론 그 기능이 여전히 유효하다는 판단 하에서만. 이번에 본사가 재인체어를 함께 출시한 것도 바로 이런 기능을 염두에 두었기 때문이다.

3. 재인체어, 머나먼 소통 기능

재인체어의 최고의 장점은 이 제품이 이미 청와대에 보조 용품으로 납품된 적이 있다는 점이다. 자주 삐걱거리는 청와대 무현체어를 보조하기 위해서였다. 그리고 그 기능은 성공적이었다. 원칙론적인 입장에서 기능을 발휘하며 삐걱거림과 흔들림을 바로잡아 주어 소비자들의 환심을 샀다. 무현체어의 몰락에도 흔들리지 않으며 그 역할을 충실하게 해내었던 것도 재인체어이다. 이 때문에 무현체어의 몰락에 이 제품만 살아남은 것이다.

바로 이런 기능 덕택에 부산 지역구에서 소비자의 마음을 얻어 국회로 자리를 옮길 수 있었다. 그가 자리를 옮길 수 있게 한 것은 정당의 힘도 아니고 심판론도 아니고 오로지 그 체어의 기능이 만들어 낸 이미지 덕분이다. 제 스스로 자신의 기능으로 자신의 공간을 창출해 낸 것이다. 이것이 재인체어의 최대의 장점이다. 그러나 이것이 오히려 한계로 작용할 수 있다. 일부 좁은 지역에서 기능을 인정받았기 때문에 그것을 어디까지 확장시킬 수 있을지 미지수다.

한 번 정치 공간에 놓인 적이 있다는 사실은 철수체어와 비교할 때 이 제품의 상당한 장점이 아닐 수 없다. 철수체어에게 전혀 낯선 공간이 이 제품에게는 너무나 익숙한 곳이기 때문이다. 그리고 이전에 사회의 여러 문제를 해결하는 변호사의 자리에 있었다는 점도 정치 공간과 유사성을 지니고 있다. 따라서 본 제품은 정치 공간과 많은 관련을 지닌 경험 때문에 높은 가치를 지닌다.

또 하나의 기능은 청결성을 잘 유지한다는 점이다. 재인체어는 원칙론적 입장을 중시하며 청결성을 최고의 가치로 삼는다. 불량 의자 검사관이 그의 청결성을 조사하기 위해 수시로 등판을 떼고 시트를 헤집고 별짓을 다했지만 어떠한 하자도 발견하지 못 했다는 사실은 정치 공간에서는 일종의 신화에 속한다.

그러나 정치 공간에서 청결성을 유지하는 이 기능은 장점만은 아니다. 이 기능은 중요한 정치적 기능을 작동하게 하는 하나의 바탕일 뿐이다. 청결성은 아주 정적인 가치이며 이를 바탕으로 동적인 기능이 작동될 때 비로소 완전한 체어가 될 수 있다. 청결성의 기능만으로 정치 공간에 납품했다가 실패한 체어들이 한 둘이 아니다. 청백리로 알려진 태국의 잠롱체어나 우리나라의 국현체어도 정치 공간에서 제자리를 잡는 데는 실패했다. 청렴성은 정치적 기능의 필요조건일 뿐, 정치 공간에서 요구하는 핵심 기능은 아니다.

재인체어의 최고의 기능은 소통 기능에서 찾을 수 있다. 다른 사람의 눈치를 보지 않고 소신을 밝히며 다양한 의견을 성심성의껏 청취하는 능력이 여러 입장들을 중재하는 소통 기능을 강화시켰다. 서울시장 후보 단일화도 이 제품의 대표적인 성과라 할 수 있다. 양보 지점과 타협 지점을 정확히 파악하여 윈-윈 게임이 되기 위한 최선의 방도를 객관적으로 제시하여 상대를 설득하는 기능은 정치 공간에서 필요한 중요한 기능이다.

그러나 이 기능이 소비자의 환심을 사는 데 2% 부족한 것은 사실이다. 좋은 기능임에는 틀림없으나 대다수 소비자를 현혹시킬 만한 충격을 지니지는 못 하였다. 소비자에게 다가서기에는 너무나 멀리 있는 기능이다. 소비자 선호도가 늘 3위에 머물고 있는 것도 이 때문이다. 본사는 이 제품이 제대로 평가받기 위해서는 철수체어의 맥거핀 기능의 도움이 필수적이라 판단한다. 철수체어가 맥거핀 효과를 충분하게 발휘하게 되면 재인체어의 장점이 부각되면서 상승세를 탈 수 있을 것이다.

이상으로 본사가 출시한 청와대 납품용 봉황의자 야심작 두 제품을 소개하였다. 그러나 소비자가 기억해야 할 것은 의자는 의자일 뿐이라는 사실이다. 본사가 출시한 두 제품은 의자로서 그 위의 공간은 비어 있다. 어떤 제품이든 자신이 그 자리에 앉을 수는 없다. 그곳에 앉는 자는 소비자이다. 천지개벽이 일어나도 이것은 변할 수 없는 사실이다. 그러나 과거에는 의자가 스스로 그 의자의 주인이라 생각하는 시절이 있었고, 소비자가 의자의 본질을 잊고 의자에 복종하던 몰상식적인 시대가 있었다. 이번에 본사에서 출시한 제품을 자세히 살펴보고 소비자들이 현명한 판단을 내리기를 기대해 본다.

팔공산가구 대표 난타산인

(『문학의 오늘』, 2012, 여름)